LES NOMS DE LIEU

DANS LES LANGUES ROMANES

COLLECTION DE DOCUMENTS LINGUISTIQUES

Dirigée par MM. Meillet et Vendryes

III

LES NOMS DE LIEU

DANS LES LANGUES ROMANES

Conférences faites au Collège de France

PAR

ERNEST MURET

Professeur à l'Université de Genève

LIBRAIRIE ERNEST LEROUX

28, Rue Bonaparte, Paris

A mes amis

Joseph BÉDIER
Alfred JEANROY
Abel LEFRANC

AVERTISSEMENT

En livrant à l'impression les leçons que j'ai faites au Collège de France les 21, 24, 26 et 28 mars 1928, je les ai laissées sous la forme qu'elles avaient dans l'exposé oral, tout en y apportant mainte retouche et en développant quelques passages que la durée limitée de l'heure me forçait d'écourter. J'y ai joint en note, avec l'indication de mes sources, des renvois aux auteurs dont j'ai mis à profit les travaux. On ne trouvera pas mauvais, je l'espère, que les noms de lieu de la Suisse française tiennent une si grande place dans mes exemples. Occupé depuis bientôt trente ans à les recueillir de la tradition orale et à les extraire des documents écrits, je les ai mieux présents à la mémoire que ceux de l'étranger et je connais mieux toutes les particularités de leur forme, de leur signification, de leur emploi et de leur histoire. Ces noms de lieu de mon pays, étudiés sur les lieux mêmes, ont été le point de départ, ils sont le plus solide fondement des observations et des réflexions que j'ai étendues, autant qu'il était en mon pouvoir, à toute la *Romania* antique et moderne.

Est-il préférable d'écrire, au pluriel, « noms de lieux » ou « noms de lieu », avec ou sans x ? L'incertitude où nous sommes, la divergence entre les auteurs naissent de ce qu'en français la différence entre les deux nombres n'est plus sensible à l'oreille. D'autres langues, où cette différence n'est point abolie, gardent au mot « lieu » la forme caractéristique du singulier : les Italiens disent *nomi di luogo*, les Espagnols *nombres de lugar*, les Allemands *ortsnamen*. A mon sentiment, comme au leur, la notion abstraite d'espèce, de catégorie l'emporte ici sur la notion concrète d'une pluralité de lieux correspondante à celle des noms. Mais, par un emploi exclusif du singulier ou du pluriel, on sacrifie certaines nuances qui peuvent, qui doivent être exprimées. Selon qu'il s'agit de « noms de lieux habités, de lieux dits, de lieux historiques » ou bien de « noms de lieu indigènes, étrangers, masculins, féminins », — en d'autres termes, selon qu'on rapporte un qualificatif aux lieux ou à leurs noms, — ne convient-il pas de marquer cette différence par la variation de l'orthographe ? Aussi bien, dans le premier cas, l'on fait, en parlant, ou du moins on peut faire la liaison, si l'adjectif suivant commence par une voyelle ; mais, dans le second, elle serait choquante. C'est pourquoi, suivant l'exemple de Jules Quicherat et d'Auguste Longnon, j'écris ordinairement « noms de lieu » sans *x*. Mais j'use, à l'occasion, de la forme plurielle, quand elle me paraît mieux convenir au contexte.

Genève, 22 février 1929.

TRANSCRIPTION DES FORMES PATOISES

å	voyelle intermédiaire entre *a* et *o*.
ə	*e* « féminin », non « muet ».
u	*u* latin, italien, allemand ; *ou* français.
è ò œ̀	voyelles ouvertes.
é ó œ́	voyelles fermées.
ã ẽ õ ũ	voyelles nasales.
ā ī ū	voyelles longues.
á ę́, etc.	voyelles accentuées.
ḍ	*d* apical (comme en anglais).
g avant *e* ou *i*	*g* vélaire *(gaz, gué, gui)*.
ḥ	*ch* allemand dans *recht, nicht*.
ḷ	*l* mouillée *(gli* italien, *ll* castillan).
ł	*l* vélaire (comme en polonais).
ñ	*n* mouillée.
ṅ	*n* vélaire (allemand *lang*, anglais *king*).
s	*s* sourde (*ss* dans *ressasser*).
w	*w* anglais, *ou* consonne dans *oui, jouet*.
x	*ch* français, *sch* allemand.
ş	*th* anglais sourd *(bath)*, *z* castillan.
z̧	*th* anglais sonore *(father)*.

Faute des signes diacritiques indispensables, certaines nuances de la prononciation ont dû être négligées et l'on n'a pu toujours marquer la place de l'accent.

I

En prenant la parole dans cette illustre maison où
ont enseigné, où enseignent aujourd'hui tant de maîtres
réputés au loin, je me sens à la fois très fier de l'honneur qui m'est fait et très confus de ne l'avoir pas
mérité par des travaux moins inégaux aux leurs. Je
remercie l'assemblée des professeurs du Collège de
France de la marque si flatteuse d'estime et de confiance qu'elle m'a donnée en me chargeant cette année
des conférences de la fondation Michonis. Ma grati-
tude s'avive du souvenir des maîtres regrettés dont j'ai
recueilli ici les enseignements et l'exemple dans ma
jeunesse, et particulièrement du meilleur et du plus
cher de tous, Gaston Paris, dont l'image, *la cara e
buona imagine paterna*, est toujours présente à mon
esprit et dans mon cœur. Je n'ai, malheureusement, pas
eu le privilège d'être l'élève de deux autres professeurs
dont les leçons m'auraient plus spécialement préparé
à l'étude des noms de lieu, Henri d'Arbois de Jubainville et Auguste Longnon. Mais je dois tant à leurs
travaux que je puis me tenir pour leur disciple, en
même temps que celui d'un excellent linguiste italien,
Giovanni Flechia, qui, avant eux et plus que tout autre,
a contribué à frayer la bonne voie où je m'efforce de
suivre leurs traces.

Les majuscules que nous mettons aux noms propres les distinguent à première vue de tous les autres mots. Ceux-ci sont les porteurs d'une signification, c'est-à-dire d'une idée pure, d'une notion abstraite des cas particuliers et concrets. Les noms propres de lieux et de personnes sont des mots vides, de simples étiquettes, qui peuvent, sous certaines conditions, être remplacées par des numéros. Si nous pouvons quelquefois les identifier avec des mots significatifs, la signification en est d'ordinaire partiellement ou totalement oblitérée : nous n'y pensons pas plus que nous ne remarquons l'ombre accompagnant notre corps et mimant notre démarche et nos gestes. Qui de nous, en nommant Lille ou les Tuileries, se représente une île ou un four à tuiles ?

Parfois, cependant, quand la signification originaire d'un nom propre est demeurée transparente, ou si nous croyons la deviner, elle s'impose à notre attention et sollicite notre curiosité. Plus on sait de langues, plus on sait de choses, et plus on découvre de significations ignorées dans les noms de lieu et les noms de personnes. Pour qui a réussi à les interpréter, ces mots vides prennent un sens, ces médailles effacées laissent voir des empreintes et des légendes. Comme dans la vision du prophète Ézéchiel, les ossements desséchés des morts antiques se revêtent de chair, reprennent vie pour nous raconter les secrets du passé. Témoins parlants des siècles révolus, les noms de lieu de l'Europe nous offrent une magnifique illustration des vicissitudes de l'histoire.

La conviction que les noms de lieu signifient ou doivent signifier quelque chose, fût-ce même quelque chose d'absurde, est si bien ancrée dans tous les esprits que, faute d'une explication raisonnable, on se contente d'historiettes enfantines ou de ces jeux de mots dont s'est amusée la fantaisie de Rabelais. Vous vous rappelez comment la jument de Gargantua, traversant une grande forêt « horriblement fertile et copieuse en mouches bovines et freslons... desgaina sa queue et, si bien s'escarmouchant, les esmoucha qu'elle en abatit tout le bois... En sorte que, depuis, n'y eut plus ne bois ne freslons ; mais fut tout le pays reduict en campagne. Quoi voyant Gargantua, y print plaisir bien grant... et dist à ses gens : « Je trouve beau ce. » Dont fut depuis appellé ce pays la Beauce. »

Ainsi les anciens, pour expliquer le nom de Byrsa, racontaient la ruse de Didon qui avait découpé en minces lanières la peau de bœuf dont l'étendue circonscrivait le terrain acquis par elle. Nos vieilles chroniques tiraient les noms de la France, de la Grande-Bretagne et du lac Léman des Troyens Francus, Brutus et Lemanus ; et Rocca Bernarda, en Calabre, s'est vu attribuer comme éponyme Bernard del Carpio, le rival espagnol de Roland. Ces fables érudites ont leurs pendants dans la tradition populaire. Dans un canton de la Sicile deux collines d'égale hauteur s'appellent *i Sururi* (les sœurs). Comme le pluriel *sururi* (SORORES), tombé en désuétude, se confond dans la prononciation avec celui de *sùrura* (sueur), on est persuadé, au village de Palazzolo, que ces collines sont ainsi dénommées parce que la culture en coûte beaucoup de « sueurs » aux paysans[1]. Au lieu dit *Aroleit*, à Zermatt, se perpétue en allemand, sous une forme contemporaine de nos plus anciens textes français, un nom de lieu roman dérivé par le suffixe -ETUM du mot alpin *arola*, le *pinus cembra* de Linné. En l'interprétant par les mots *ari*, « vautour », et *leit*, « douleur », les gens du pays racontent la pitoyable histoire d'une mère à qui un oiseau de proie avait ravi son enfant[2]. Au bourg valaisan de Saillon, l'esplanade du château en ruine s'appelle le Plan des Épouses et l'on prétend que c'est là que s'exerçait le *ius primae noctis*. Mais le droit du seigneur est une fable : la terminologie botanique offre une explication plus plausible. Dans la commune limitrophe de Fully le mot « épouse » désigne la belle anémone pulsatille, qui fleurit au printemps en Valais et qui est bien connue à Saillon même, sous le nom de « fleur de Pâques ».

Des mythes et des contes étiologiques ont préludé à nos théories scientifiques et à nos systèmes philosophiques. Ces racontars, ces calembours sont les humbles débuts d'une science toute récente qui s'occupe à décrire et à expliquer les noms de lieu et qu'on appelle la *toponymie* ou la *toponomastique*. Géographes et historiens ont fourni depuis longtemps, fournissent chaque jour une contribution précieuse à la connaissance des noms de lieu, en les situant sur des cartes de

---

1. *Supplementi periodici all'Archivio Glottologico Italiano*, VI, p. 89, n. 1.
2. Tscheinen et Ruppen, *Walliser Sagen* (Sitten, 1872), I, p. 32.

plus en plus exactes et détaillées, en nous rendant atten-
tifs aux multiples aspects du relief terrestre, à la répartition locale des espèces végétales et animales et des
activités humaines, ou bien en mettant au jour des
documents bien datés et en identifiant les lieux mentionnés dans ces documents et dans la littérature.
Mais ni la géographie ni l'histoire ne sont en possession des méthodes qui permettent de contrôler ces
identifications et d'en assurer la rigoureuse exacti-
tude, d'expliquer les variations d'un même nom suivant la date et la localité et d'estimer à sa juste valeur
une étymologie.

Ces méthodes, les méthodes de l'étymologie, sont
celles de la science linguistique. Un nom de lieu, c'est
évident, mais on n'y prend pas garde, est une forme
de langue, un mot formé, comme tous les autres, de
voyelles et de consonnes, de *phonèmes* articulés par
les organes de la parole et transmis par l'oreille au
cerveau. Il ne saurait donc être étudié autrement qu'un
autre mot quelconque, en dehors de la langue dont il
fait partie et dont il porte l'empreinte.

Les linguistes de profession ont tardé à étendre
leurs investigations dans ce domaine qui est de leur
ressort. Trop longtemps les noms de lieu n'ont tenu
qu'une très petite place dans la grammaire compara-
tive et historique des langues, ont été négligés par les
glossaires régionaux et les monographies consacrées
aux dialectes et patois. Les progrès magnifiques de
la dialectologie nous ont ouvert les yeux sur ce tré-
sor inexploité d'information linguistique et montré

la voie à suivre pour en tirer parti. Par la force des choses, l'étude des langues est fondée en grande partie sur des textes. Mais on s'est rendu compte que, sous la forme écrite, qui n'en offre qu'une image visuelle, partielle ou déformée, il s'agit de retrouver la langue parlée, la langue vivante ou, pour mieux dire, vécue. A l'information livresque, à la méditation solitaire sont venues s'ajouter l'observation directe, l'information personnelle et locale, secondées par des appareils enregistreurs de la parole et par l'emploi de la photographie. Organe de la vie en commun, des relations sociales, le langage n'est plus étudié seulement en soi, *in abstracto*, mais dans ses rapports avec tout le reste de l'activité humaine. Simultanément l'étude des noms de lieu a cessé d'être confinée dans les archives, les dépôts de cartes et les bibliothèques et devient de plus en plus une science de plein air. Attachés à la glèbe, comme le serf du moyen âge, les noms de lieu doivent, plus encore que tous les autres mots, être recherchés et reconnus sur le terrain, dans leur usage local et dialectal.

Les meilleures cartes sont viciées par des erreurs de nomenclature, nous offrent des noms estropiés par des fautes d'audition, de transcription ou d'impression, par de fausses interprétations qui sont parfois cocasses. Égaré dans son propre pays pour avoir eu trop de confiance dans la carte, un romancier valaisan promène ses personnages dans une *forêt du Train*, qui s'appelle de son vrai nom la *forêt des Champs*. Sur les plans de la commune neuchâteloise du Locle vous trouverez un lieu dit *le Piano*, qui n'est pas autre chose qu'une forme patoise méconnue du mot « plane », variante dialectale du français « platane ». Des bévues pires ont été relevées au cadastre et sur les cartes des Alpes françaises : l'*Algèbre* pour l'*Alezabre*, c'est-à-dire « l'érable »[1], le *Grand Appareil* pour *la granta parei*, c'est-à-dire « la grande paroi ». Ces méprises, qui peuvent être gênantes pour les touristes, sont trop grossières pour ne pas éveiller la méfiance d'un étymologiste averti. Mais combien d'autres ne risquent-elles pas de l'induire en erreur ! L'orthographe des noms de lieu, fondée sur des traditions dialectales ou fabriquée de toutes pièces par des passants ignorants du parler local, est souvent trompeuse. Comment saurait-on à distance que *Marvéjols*, pour être bien accentué, devrait s'écrire *Marvèje*[2] ; qu'en Savoie et dans la Suisse française les désinences *-az* et *-oz* sont tantôt accentuées, comme dans *Étraz* ou *Tatroz*, tantôt atones, comme dans *Rivaz* ou *Champtauroz*, et que le *z* y est toujours muet ; qu'en Valais et à Fribourg le même *z*, au commencement du mot, représente souvent, comme en italien et en allemand, la consonne *ts* et que *Zinal* ou *Zenauva* sont prononcés *tsə̃ã* et *tsənǫova* ?

En l'absence d'anciennes mentions, beaucoup de noms de lieu demeurent inexplicables, si nous ne savons pas comment ils sont prononcés dans l'usage actuel. Et parfois la forme moderne nous aide à mieux com-

1. Chabrand et Rochas d'Aiglun, *Patois du Queyras*, p. 201.
2. Aug. Longnon, *Les Noms de lieu de la France*, p. 67, n° 167.

prendre ou même nous permet de corriger ce qu'ont écrit les scribes du temps jadis. Elle est souvent la clef, elle est toujours, comme je le montrerai dans la prochaine leçon, la pierre de touche de l'étymologie. Or, cette forme moderne, cette forme locale, on ne peut l'apprendre qu'en interrogeant ceux qui parlent encore le dialecte local ou qui, l'ayant autrefois parlé ou entendu, en gardent souvent les inflexions tout en se servant de la langue commune.

Mais ce n'est pas seulement la prononciation des noms qu'on apprend à connaître par des enquêtes sur place. L'aspect des lieux peùt en suggérer, en confirmer, en infirmer, en rectifier l'interprétation, en révéler à nos sens la véritable signification. La fréquentation des hommes nous instruit des rapports multiples qui unissent un nom au lieu qu'il désigne, nous renseigne sur sa valeur exacte, son usage traditionnel, les motifs de son emploi. Très souvent des noms dont le sens nous échappe s'expliquent par le vocabulaire local, ou bien par des circonstances locales qui sont ignorées ou mal connues au dehors, mais dont le chronique villageoise a gardé le souvenir : un nom de famille éteint, un sobriquet dont on se rappelle encore le porteur, une anecdote encore présente à la mémoire des vieillards. Tel se souvient d'avoir vu des arbres dans un pré où il n'y en a plus, mais qui s'appelle toujours *le Pré des Frênes*. Tel autre vous parlera d'un bloc erratique ou d'un monument mégalithique, aujourd'hui détruit, qui se dressait au lieu dit *à la Grosse Pierre*. Parfois on saura vous dire à quelle occasion une parcelle de terrain a reçu son nom. Dans la commune genevoise de Dardagny, la vigne de *Malakof* a été plantée l'année du siège de Sébastopol. Dans un village vaudois un vieux paysan m'expliquait que la vigne des *Trente-deux* avait jadis été vendue pour trente-deux francs, qu'il avait lui-même dénommé l'une des siennes *la Bossonne* et une autre *la Marïus*, parce que les propriétaires précédents s'appelaient Bosson et Marius, une troisième *la Crotue*, parce qu'il l'avait achetée d'un *crotu*, c'est-à-dire d'un homme marqué au visage de la petite vérole.

Ces menus faits vous paraîtront, sans doute, fort dépourvus d'intérêt. Ah ! comme on s'échaufferait, s'ils avaient été découverts parmi les graffites de Pompéi ou dans les fouilles de Glozel ! Mais il faut savoir qu'un nom de lieu est presque toujours quelque chose de banal. C'est bien, comme je vous le disais, un témoin, mais ce n'est qu'un très humble témoin, d'un état de langue ou d'un état de civilisation, passé ou présent. La grande histoire, l'histoire à panache, a moins de profit à en tirer que l'histoire obscure du labeur persévérant par lequel l'homme asservit la nature à ses fins. La superstition de l'antique, dans laquelle beaucoup de savants communient avec les ignorants, n'est pas un état d'esprit scientifique. Les noms de lieu les plus récents, si nous pouvons y prendre sur le vif les motifs et les procédés de leur formation, les noms de lieu les plus humbles, s'ils enrichissent le vocabulaire de mots rares ou inconnus ou s'ils nous aident à délimiter l'extension géographique d'un fait de langue, ne méritent pas moins de considération que les noms anciens et illustres ; et ce n'est pas du temps perdu que celui qu'on emploie à les recueillir de la tradition orale.

La nomenclature géographique, la nomenclature officielle, enregistrée sur les cartes et dans les dictionnaires, enseignée dans les écoles, se superpose à une nomenclature vulgaire, traditionnelle, qui en diffère comme la langue parlée de la langue épurée par les grammairiens et réglée sur l'exemple des bons auteurs. Il faut, pour interpréter correctement les noms de lieu, apprendre à distinguer les éléments autochtones des éléments adventices, non enracinés dans l'usage local. Ainsi les dépressions et les points culminants d'une chaîne de montagnes n'ont généralement point de nom dans la bouche des montagnards : ceux qu'y ont imposés les alpinistes ne sont guère connus que des guides de profession. En revanche, bateliers et pêcheurs sauront vous nommer chaque relief et chaque dépression du fond de la mer, des lacs et des cours d'eau. Dans les pâturages, les forêts, les vignobles pullulent les désignations particulières, que les habitués se transmettent par la voie orale et que souvent ils sont les seuls à connaître. Au sentiment commun, n'est-ce pas une étrange anomalie que la Garonne, à son approche de l'Océan, prenne le nom de Gironde[1] ? Mais, dans les campagnes, une foule de petits cours d'eau changent à plusieurs reprises de

---

1. En fait, ce sont des variantes dialectales, comme l'a démontré M. Albert Dauzat dans la *Zeitschrift für Ortsnamenforschung*, IV, p. 261.

nom, en empruntant ceux des terroirs qu'ils traversent ou des accidents de leur parcours. Au vrai, la plupart sont anonymes : c'est « l'eau », c'est « le ruisseau », c'est « la rivière ». On ne se sert que par exception des noms qui figurent sur les plans du cadastre et sur les cartes, et souvent on les ignore. Plusieurs semblent avoir été forgés par des géographes ou déformés par eux.

L'origine et la signification des noms de lieu, de certains noms de lieu, leur étymologie, voilà ce qui, dans les études de toponymie, intéresse uniquement ou principalement la plupart des gens. Cette curiosité est légitime ; car chaque nom bien interprété peut nous apprendre quelque chose, si peu que ce soit, sur le passé de la terre et de l'homme et sur les opérations de l'esprit humain. Mais des réussites étymologiques ne prennent toute leur valeur et tout leur intérêt, — même on n'y saurait atteindre, — que moyennant le groupement en série de faits similaires, qui se complètent, qui s'éclairent les uns les autres et dans lesquels nous pouvons reconnaître des types et des motifs caractéristiques de dénomination, des modes réguliers de formation, divers suivant les temps et suivant les langues. Décrire ces types, les situer dans l'espace et dans le temps, en démontrer le mécanisme psychologique et linguistique : voilà la tâche qui s'impose à nous dans l'étude des noms de lieu. Des cas particuliers il convient que nous nous élevions à une vue d'ensemble, à la fois historique et systématique, embrassant à la fois tout le passé et tout le présent.

Si nous redescendons au détail, qu'il faudrait connaître à fond pour en mieux tirer parti, notre programme s'élargit encore dans une autre direction. La durée de certains noms de lieu est jalonnée par de nombreuses mentions. Nous observons les formes successives sous lesquelles ils ont circulé de bouche en bouche ou de scribe à scribe, les transformations ou les déformations qu'ils ont subies dans le cours des temps. Nous les trouvons quelquefois aux prises avec des concurrents qui réussissent à les évincer. Nous assistons au chassé-croisé des noms communs et des noms de personnes mués en noms de lieu et des noms de lieu mués en noms communs ou en noms de personnes. Le titre du charmant petit livre d'Arsène Darmesteter, *La Vie des mots*, caractérise bien ces vicissitudes, entremêlées de conflits, de victoires et de défaites dont le spectacle aurait mis en verve un Gilliéron.

L'application des méthodes linguistiques aux noms de lieu exige, comme l'étude des langues elles-mêmes dont ils font partie, la répartition de la matière entre des spécialistes. C'est pourquoi, dans les leçons que j'ai l'honneur de faire devant vous, je m'en tiendrai aux seules langues romanes. Quand on sait par expérience combien il est souvent difficile de réunir tous les éléments d'information qui concernent un seul nom, on hésite à s'aventurer hors du champ d'exploration qu'on s'est choisi par goût ou par occasion. Cependant il y a, dans les noms de lieu de notre Europe et des pays d'outremer colonisés par les Européens, un mélange tellement inextricable de plusieurs langues anciennes et modernes qu'on n'en connaît jamais assez et qu'on est souvent obligé, pour y voir clair, de recourir aux lumières d'autrui. Le juste tempérament à garder entre une spécialisation excessive et une dispersion stérile est un problème qu'ont à résoudre tous les chercheurs consciencieux.

A chacun de nous s'imposent donc des limites qu'il ne peut franchir. Mais il y en a une à laquelle s'arrêtent, par souci de la division rationnelle du travail, la plupart des romanistes et qui doit être résolument forcée, quand on s'occupe des noms de lieu. La diversité originale et la richesse des langues et des littératures romanes les ont constituées en un domaine séparé du latin. Mais entre les noms de lieu de l'antiquité romaine et les nôtres on ne saurait tracer aucune ligne de démarcation. Ceux-ci sont en grande partie hérités du latin ou modelés sur des exemplaires latins. Si la toponymie romaine était aussi familière à nos bacheliers que la grammaire latine, il serait loisible de s'y référer. Mais, comme le latin vulgaire, il faut, pour la bien connaître, recourir à des textes de basse époque et aux langues modernes. Combien de noms authentiquement romains ne sont parvenus jusqu'à nous que dans des documents du moyen âge ou des mentions encore plus tardives !

Toute langue s'enrichit de mots nouveaux par des créations qu'elle tire de son propre fonds et par des emprunts au dehors. Il n'en est pas autrement de la langue toponymique et de toute l'onomastique. A mesure que s'élargit notre connaissance du monde proche ou lointain, aux noms familiers de plus ou moins longue date viennent s'en ajouter, dans notre mémoire et dans les répertoires géographiques (qui sont comme une mémoire collective), une foule d'autres, dont l'apparence est quelquefois rébarbative et que nous prononçons tant bien que mal, selon que nous sommes plus ou moins polyglottes. Quand une langue étend son empire sur des régions d'une autre langue ou d'un autre dialecte, les noms de lieu y sont incorporés, assimilés, et en partagent désormais les destinées. Ainsi, dans l'antiquité des noms grecs, étrusques, ligures, gaulois, ibériques ; à partir des grandes invasions des noms germaniques, slaves, arabes ou turcs ; à partir des grandes découvertes maritimes des noms américains, océaniens, asiatiques, africains, ont été accueillis en latin ou dans les langues romanes. En roumain les éléments latins sont noyés sous les éléments étrangers. Par contre, des noms latins ou romans ont passé en bouche germanique, slave ou arabe. La marque de provenance est encore visible dans ceux qui ont été récemment assimilés : Strasbourg, Hazebrouck, Roscoff ou Biarritz. Mais qui se douterait, s'il n'est historien ou linguiste, qu'en nommant successivement Nice, Lyon et Toulouse, il assemble un nom grec, un nom gaulois et un nom ibérique ?

Retracer l'apport successif des peuples, des langues, des civilisations qui ont contribué à la nomenclature géographique du monde moderne, dénombrer les accroissements que notre patrimoine indigène et romain a reçus du christianisme, des barbares, de la féodalité, de l'ancien régime, enfin de notre démocratie industrielle, de l'émigration aux colonies, de l'immigration d'étrangers : ce serait une belle perspective historique à dérouler devant vous, si le caractère de l'enseignement du Collège de France ne m'invitait à préférer une route moins battue. Ces données historiques, quoique en partie controversées et sujettes à revision, nous sont aujourd'hui familières. On les trouve exposées dans de bons ouvrages récents, elles sont mises en œuvre dans un grand nombre de monographies qui en illustrent le détail local. En revanche, on connaît beaucoup moins bien, un étudiant a quelque peine à rassembler les données linguistiques fournies par l'étude des noms de lieu, celles-là précisément qui sont les plus nécessaires à leur interprétation. Au sein de la grammaire générale de chaque langue ou de chaque groupe de langues, les noms de lieu, sans être soustraits à l'observance des règles communes, forment un groupe bien distinct par certains caractères et certaines traditions qui leur sont propres. Comment est-ce qu'ils sont affectés par les changements de la prononciation qui les atteignent en même temps que les autres mots ? Comment est-ce qu'ils sont fléchis et construits, selon leur emploi dans la phrase ? Comment est-ce qu'on en forme de nouveaux ? Ce sera la matière des prochaines leçons, qui traiteront des caractéristiques phonétiques, morphologiques et syntaxiques des noms de lieu en latin et dans les langues romanes.

Mais tout d'abord s'offrent à notre considération

d'autres problèmes qui sont du domaine de la linguistique générale, de la psychologie du langage, et s'éclairent d'une plus vive lumière par la comparaison de langues diverses, quoiqu'ils puissent être étudiés dans n'importe quelle langue particulière. Il s'agit de savoir selon quels motifs et quels caractères un nom est imposé à un lieu pour le distinguer de ceux d'alentour, comment un nom usité peut être remplacé par un autre, enfin quelles sortes de rapports unissent un certain nom à un certain lieu.

Un lieu, qui est une portion déterminée de l'espace, peut être dénommé, au propre ou au figuré, d'après sa situation ou son aspect, la composition du sol, l'allure des cours d'eau, les phénomènes météorologiques dont il est le théâtre, la vie qui se déroule à sa surface, le peuplement végétal, animal ou humain. Ce qu'on évoque de préférence, c'est la présence et l'activité de l'homme, de l'individu ou du groupement humain, les œuvres, les institutions, les croyances, les cultes, les héros, les dieux de l'humanité. Si vous êtes curieux de statistique, un calcul de Flechia, portant sur soixante mille noms de lieu de l'Italie[1], établit une proportion de deux cents pour le seul mot *colombo*, de cinq cents pour toute la faune (y compris la faune des enseignes), de quatre mille pour le règne végétal, dont un millier sont des termes généraux comme *bosco* ou *selva*, de cinq mille pour les vocables de saints. Sur un millier de noms de lieux habités de la Suisse française près

---

1. *Atti della R. Accademia di Torino*, XV, p. 821 ss.

de la moitié sont formés de noms de personnes, isolés ou en composition avec des appellatifs.

Il faut insister, parce qu'on ne le sait pas assez, sur le rôle capital que jouent, au moins dans nos pays civilisés, les noms et surnoms de personnes dans la formation des noms de lieu anciens ou modernes. Notre premier mouvement nous porte toujours à en chercher l'explication dans le vocabulaire général. Mais, n'en déplaise à l'ombre de Louis XIV, le premier mouvement n'est pas toujours le bon. L'obscurité dont s'enveloppent tant de vocables géographiques résulte, je crois, en grande partie de ce que nous connaissons moins bien les noms de personnes que les mots du langage usuel, et très mal les surnoms et sobriquets qui foisonnent encore aujourd'hui dans les campagnes. Les noms de lieu formés au moyen du suffixe germanique -ING, les noms roumains en *-eşti* (comme Bucarest) sont des noms de personnes au pluriel. Les noms fréquents en -ANUS, -ANICUS, -ACUS (Frontignan, Mayrargues, Passy) sont dérivés de noms de personnes en majorité romains.

L'emprunt de noms de lieux proches ou lointains pour désigner d'autres lieux n'a pas besoin d'être illustré par des exemples qui sont présents à toutes les mémoires. *Paris en Amérique* n'est pas seulement une spirituelle fantaisie de Laboulaye, mais une réalité géographique. Les pays d'outremer doivent beaucoup d'autres noms à l'Europe et lui en ont fourni quelques-uns. Je connais en Suisse des lieux dits *le Brésil, le Canada, la Californie, Alger, le Maroc, le Sétif, le Tonkin.* Dans une commune valaisanne on plaisante sur « l'Amérique du cantonnier ». Entre les noms de lieux et de personnes on observe souvent un jeu de va-et-vient assez curieux. Les voyages de Bougainville ont acclimaté aux îles Salomon le nom d'une commune de Picardie, formé d'un appellatif français et du nom de femme germanique Bugga. Le quartier du Singe, à Lausanne, conserve, sous une forme altérée par l'étymologie populaire, le souvenir de la famille seigneuriale de Lucinge, dont le titre a passé dans la maison de Faucigny-Lucinge. Les villages de Lucinge et de Faucigny, dans la Haute-Savoie, sont d'anciennes propriétés gallo-romaines, fundus Lucianicus et fundus Fusciniacus, ayant appartenu à un Lucianus ou Lucius, à un Fuscinius quelconques, dont les noms se sont sauvés de l'oubli en s'enracinant au sol.

Nous savons par l'histoire et nous apprenons presque chaque jour par les informations de la presse comment des pays nouvellement découverts ou colonisés, des cimes nouvellement gravies, des villes nouvellement fondées, des rues nouvellement percées ont reçu leur nom de la volonté d'un souverain, d'un explorateur, d'un géographe, ou du choix délibéré d'un conseil municipal. Nous savons aussi comment, du jour au lendemain, un nom actuel peut être remplacé par un autre, comment Leningrad a succédé à Pétrograd, comment, par un jeu de mot piquant, la rue d'Enfer est devenue la rue Denfert-Rochereau, comment encore la ville de Castrogiovanni, en Sicile, a repris dernièrement son nom antique d'Enna. En regard de ces noms subitement imposés par un choix conscient, volontaire, arbitraire, il y en a d'autres, en plus grand nombre, où nous croyons bien plutôt discerner les effets inconscients d'une longue accoutumance. Si un Parisien nous dit qu'il se rend « de l'autre côté de l'eau », un Genevois qu'il va en séjour « au bout du lac », ces termes généraux ne nous suggèrent qu'une vague notion de lieu. Mais ailleurs les mêmes termes sont usités comme noms propres : PENNOLOCOS en gaulois, *Chablais* en latin, *Capolago* en italien, c'est « le bout du lac », et nous connaissons des lieux dits *Outraigue, Outrelaigue.* Quand, dans les anciens actes et les anciens terriers, la situation d'un pré ou d'un jardin est indiquée par les expressions « sous la maison, vers le pont, vers le torrent, vers le moulin », est-ce qu'on est en présence, dans chaque cas particulier, d'un appellatif ou d'un nom propre ? Un mot significatif, un vocable de saint ne passent ordinairement à l'emploi comme noms de lieu que graduellement, insensiblement, par un lent processus d'adaptation à leur nouvelle fonction.

A certains noms de lieu le cours du temps peut infliger des tares, qui, s'il n'y est pas remédié, exigent la substitution d'un nouveau nom à l'ancien. En 1915 la commune des Allemands, dans le département du Doubs, a pris celui de *Les Alliés.* A mainte reprise des noms qui rappelaient un régime aboli, une domination étrangère ou les « superstitions cléricales » ont été désaffectés. Par euphémisme les Romains avaient changé MALEVENTUM en BENEVENTUM ; pareillement, au *Col* des Roches, au *Col* du Villars, en Suisse,

un terme impropre a été substitué à un terme mal-
propre. Dans le canton de Fribourg, Dompierre-le-
Grand a été mué en Carignan, à cause de l'homonymie
avec le proche et plus important Dompierre-le-Petit.
D'autres noms, cependant, ont échappé à la disgrâce
imminente par je ne sais quelle faveur de la destinée.
En 1865 un journal de Martigny lançait sans succès
une *Pétition de la Cascade de Pissevache au Grand
Conseil du canton du Valais*[1] pour demander qu'on
changeât « ce nom que de grossiers vachers m'ont
seuls pu donner... ce nom qui ne peut trouver de
place dans la bouche d'un gentil homme... » Dans
plusieurs paroisses protestantes du canton de Vaud on
se rend au prêche par le *chemin de la Messe* ou le
chemin de la Procession. A Genève, aux alentours
de l'église de la Madeleine, la rue des Limbes, récemment démolie, et la rue du Purgatoire ont survécu
au régime calviniste qui proscrivait les souvenirs du
« papisme ».

Mais ce ne sont là que des incidents. La mutation,
la perte, la restriction ou l'extension des noms de lieu
ont des causes plus générales, plus profondes, dans le
transfert, l'accroissement ou le morcellement de la
propriété foncière, en même temps que dans les évé-
nements politiques ou militaires qui modifient l'étendue
et la structure des États. Une maison, un domaine
rural changent quelquefois de nom en changeant de
possesseur. Des parcelles réunies par héritage ou par

---

1. Réimprimée dans le numéro du 23 janvier 1928 du *Confédéré* de Martigny.

achat sont englobées sous une même désignation ; une appellation de terroir périt, s'il vient à être morcelé, sous la pullulation des dénominations particulières[1]. A comparer les plans successifs d'une même commune, à les confronter avec la tradition orale, on observe en petit des variations analogues à celles qui s'offrent aux yeux en feuilletant un atlas historique. Pour illustrer ma pensée, considérez, je vous prie, à quelles notions géographiques diverses correspondent, selon les temps, les vocables France, Bourgogne, *Lotharingia* ou Lorraine, Castille, Suisse, Prusse ou Turquie.

En règle générale, la création d'un nom répond au besoin de distinguer un lieu de ses alentours. Mais il arrive que l'offre précède la demande, que l'on se mette en quête d'un lieu pour y caser un nom. Combien de rues débaptisées sans autre motif que pour commémorer un événement historique, pour honorer des hommes qui ont bien mérité de leur patrie ou de leur clocher ! *Pienza*, en Toscane, est un ancien *Corsignano*, rebaptisé en l'honneur du pape Pie II, et Casablanca a failli naguère s'appeler Lyauteyville. L'occasion, l'imprévu, des associations d'idées complexes et lointaines n'ont pas joué quelquefois un moindre rôle dans l'imposition des noms que les caractères intrinsèques de l'objet dénommé. Cependant, tout le monde s'accorde à admettre comme un principe évident qu'il ne saurait y avoir une discordance réelle, flagrante,

---

1. P. Aebischer, *Histoire de quelques pâturages : Les possessions du monasrtèe d'Hauterive au pays de Charmey*, dans la *Revue suisse d'histoire ecclésiastique*, XX, p. 53, 223 ss.

entre un nom et le lieu qu'il désigne. Pour que l'interprétation nous satisfasse pleinement, nous exigeons qu'elle ne soit en contradiction ni avec les données de la langue, ni avec celles de la géographie et de l'histoire, ni avec le sens commun. Autrement l'étymologie proposée est à rejeter ou à amender, en tenant compte de tous les motifs qui peuvent la justifier.

Lorsqu'un nom est transféré d'un lieu à un autre, par emprunt ou par extension, la signification qui y est incluse paraît souvent mal adaptée au nouvel emploi. Les Castilles tirent leur nom d'une ligne de châteaux (CASTELLA) destinés jadis à protéger contre les Arabes la frontière du royaume de Léon. Dans les Alpes et les Pyrénées les sommets, les cols, les glaciers sont très souvent dénommés d'après des lieux voisins, qui ne figurent pas toujours sur les cartes et qu'il faut retrouver sur le terrain. Pourquoi y a-t-il en Valais, entre les fortifications de Saint-Maurice et les vastes pâturages de la Montagne de Fully, un col du *Demècre*, c'est-à-dire « du mercredi » ? C'est parce que cette montagne est divisée pour l'exploitation en six secteurs où l'on conduit tout à tour les vaches aux jours de la semaine dont ils ont pris les noms. Au pied de la haute cime valaisanne du Rothhorn, tout au fond du val d'Anniviers, s'épanche le grand glacier de Moming et s'ouvre le difficile col de Moming (allemand *Momingpass*). Pour reconnaître dans *Moming* un MONTEM MEDIANUM il faut avoir appris que c'était naguère, en patois anniviard, le nom même du Rothhorn, la cime centrale qui domine tout le paysage de la vallée.

La physionomie et l'usage des lieux changent avec
le temps par l'action des phénomènes naturels et par
l'effort de l'homme. Des sources ont tari, des cours d'eau
ont été conduits dans un nouveau lit. Des espèces végétales et animales se sont éteintes. Les forêts ont été
défrichées et mises en prés, en champs, en pâturages.
D'anciennes cultures et d'anciennes industries ont
été délaissées. Beaucoup de noms, par leur désaccord
avec l'état actuel, nous sont de précieux témoignages
d'un état antérieur. Cependant, le champ de nos
inductions demeure limité par les conditions permanentes du sol et du climat. Il nous est, en principe,
interdit d'attribuer à un lieu un nom dérivé d'une
plante qui n'y peut croître, d'un animal qui y est inconnu. Le dromadaire et le lion ont sans doute été intro-
duits dans la nomenclature alpine par des citadins. Mais
« le vrai peut quelquefois n'être pas vraisemblable ».
Au Bourg-Saint-Pierre, sur la route du Saint-Bernard,
qui ne s'émerveillerait de trouver à 1.600 mètres
d'altitude un lieu dit *la Vigne ?* Or, les groseilles y
abondent et, dans une note d'un poème géographique
composé en 1783 par un chanoine du Saint-Bernard,
ce lieu s'appelle *la Vigne des groseilles*. A la même
altitude de 1.600 mètres, au val d'Anniviers, des prés
situés à la lisière d'une forêt de mélèzes sont dénommés
ij amandòlan, comme qui dirait « aux amandiers ».
L'amandier, qui a besoin de beaucoup de chaleur, n'est
pas un arbre montagnard, il est même très rare au
nord des Alpes. Mais c'est une plante familière aux
Anniviards, parce qu'elle fleurit dans les belles vignes

qu'ils cultivent dans la vallée du Rhône. Les graines des conifères ont pu leur suggérer le souvenir des amandes cueillies dans la plaine.

Ainsi la seule considération du nom et du lieu dénommé ne suffit point à expliquer les rapports divers qui les unissent l'un à l'autre. Entre les deux il y a un intermédiaire invisible, mais toujours présent, dont il ne nous souvient pas, tant cela va de soi. Les noms de lieu, comme les langues, comme le style, « c'est de l'homme ». L'objet véritable et dernier de nos études, c'est l'homme, l'homme sensible et pensif, vibrant à toutes les impressions du dehors et y associant ses intérêts, ses affections et ses souvenirs.

II

Comme les noms de lieu intéressent beaucoup de
personnes étrangères aux études linguistiques, historiens, géographes ou simples curieux, comme une
partie des travaux qui y ont été consacrés sont l'œuvre
de dilettantes, il est nécessaire de rappeler certaines
vérités qui sont évidentes pour un linguiste, mais qui
ne le sont pas au même degré pour tous les gens ins-
truits ni même pour les spécialistes d'autres sciences.
Les langues, comme toutes les choses humaines, sont
soumises à un changement, à un renouvellement per-
pétuels. Le lexique, la prononciation, le système des
flexions et de la dérivation, l'ordre des mots et la
construction des phrases varient suivant les temps et
les lieux. Mais cet élément fluide qu'est la parole
n'est sujet que dans une faible mesure à la volonté
ou au caprice des individus.

Sans doute chaque mot, chaque forme de langue
a sa destinée propre, est un cas particulier. Mais de
la foule des cas particuliers on peut dégager, sinon des
lois (le terme est impropre), au moins des règles ; et
les exceptions même qui ne confirment pas ces règles
peuvent, doivent être expliquées, justifiées. La formation de mots et de noms nouveaux est liée à tout un
système cohérent de valeurs morphologiques et séman-

tiques dont l'esprit tient compte sans même qu'il s'en doute. Les mêmes voyelles, les mêmes consonnes, dans des conditions identiques, subissent les mêmes transformations. Entre la prononciation d'hier et celle d'aujourd'hui, entre les variétés dialectales issues d'un même parler, nous observons des correspondances régulières, nous constatons des équivalences presque constantes. En y comparant d'autres mots, nous pouvons reconnaître les mêmes noms dans *Giu(g)liano*, *Zugliano*, *Igliano*, en Italie, et *Illano*, en Espagne ; dans *Maslianico* (Côme), *Massillargues* (Gard) et *Maxillinges* (Haute-Savoie) ; dans les *Vitrac*, *Vitré*, *Vitry*, *Vitrey*, *Vitriaz* de France et *Wichtrach* (Berne) ; dans *Santhià* (Piémont) et *Saint-Chaptes* (Gard).

Comme vous le font déjà entrevoir quelques-uns de ces exemples, la correspondance entre les variétés d'une même langue n'implique pas une ressemblance évidente. Entre des mots identiques il y a souvent, au contraire, une telle différence qu'il faut tout un apprentissage pour savoir s'y reconnaître. Comparez le roumain *iapă* et le provençal *ègo* (EQUA), le portugais *chegar* et le français *ployer* (PLICARE), le gascon *bat* et le commun *val*, le français *eau* et l'italien *acqua*. Qui songerait à les identifier, si ces mots divers ne s'apparentaient entre eux et avec le latin par leur signification ? Mais les noms de lieu, quand ils ne sont pas identiques à des mots connus, ne nous révèlent pas d'emblée ce qu'ils signifient : le découvrir est précisément l'objet de la recherche étymologique. Privés de ce moyen d'investigation et de contrôle, nous cheminerions comme l'aveugle qui tâte de son bâton les murs et les pavés, si nous ne pouvions mettre en œuvre les ressources de l'analyse phonétique, en utilisant toutes les données fournies par la comparaison d'un état de langue avec un autre état de langue.

L'analyse phonétique joue dans toute étymologie le même rôle que ces réactifs qu'on emploie en chimie pour déceler dans un amalgame inconnu la présence de certaines substances. Il importe que, dans l'étude des noms de lieu, cette analyse soit particulièrement rigoureuse et ne néglige aucun des éléments du mot. On s'étonne quelquefois de l'attention que nous prêtons à l'articulation d'une consonne, au timbre ou à la durée d'une voyelle, aux moindres particularités d'obscurs patois. Cependant, il suffit de nous observer nous-mêmes pour constater que de minimes différences de prononciation sont quelquefois les seules caractéristiques par lesquelles se distinguent des significations, des mots foncièrement différents : italien *pèsca* (le fruit du pêcher) et *pésca* (la pêche des poissons), castillan *coro* (vent du nord-ouest) et *corro* (assemblée), français *cote* et *côte*, *Chalon*-sur-Saône et *Châlons*-sur-Marne. Transposez ces mots en latin, et vous verrez ces nuances s'amplifier, comme sous un verre grossissant : PERSICA et PISCARI, CAURUS ou CŌRUS et CURRERE, QUOTA et COSTA, CABILLONUM et CATALAUNOS. Pour un linguiste elles ont la même importance et le même intérêt que pour le chartiste les traits de l'écriture, le formulaire des actes et l'indication des dates.

Longtemps l'étymologie des noms de lieu s'est

fondée sur des apparences spécieuses ou des équivoques. *Mollens* (*mòlẽ*), en Valais, confondu avec « moulin » (*muliñ*) ; *Ripaille* dérivé de RIPA, sans souci de la forme *r̄ịva* commune à tous les patois du bassin du Léman[1] ; *Poncin* (Ain), de PONS INNIS[2], sont des spécimens récents de ce genre d'interprétation. Sur la route de Vevey à Moudon et Avenches, les itinéraires romains marquent une station dont le nom était UROMAGUS. Une variante fautive BROMAGUS a été identifiée avec le village fribourgeois de *Promasens*, et cette erreur tenace n'a été extirpée que lorsque Ferdinand de Saussure a démontré que la forme UROMAGUS se retrouve, trait pour trait, dans le nom du village voisin d'Oron[3]. Il y a un quart de siècle aucun romaniste ne mettait en doute l'identité des noms français et suisses en *-in(s)* et *-inge(s)*, qui sont de formation latine, et des noms en *-ens, -ans* et *-ange(s)*, qui sont dérivés de noms de personnes germaniques par le suffixe -ING[4]. Ces mirages étymologiques se dissipent aussitôt qu'on applique aux noms de lieu, comme aux autres mots, les strictes méthodes actuelles de la phonétique historique et dialectale. Au mépris ou dans l'ignorance de la phonétique, l'étude des noms de lieu n'est qu'une

---

1. H. Jaccard, *Essai de toponymie* (Lausanne, 1906), art. *Mollens, Ripaille* et *Rivaz*.

2. H. Gröhler, *Ueber Ursprung und Bedeutung der französischen Ortsnamen* (Heidelberg, 1913), p. 354, Cf. P. Skok, *Die mit den Suffixen* -ĀCUM, -ĀNUM, -ASCUM *und* -USCUM *gebildeten südfranzösischen Ortsnamen* (Halle, 1906), p. 121.

3. *Le nom de la ville d'Oron à l'époque romaine*, dans l'*Indicateur d'histoire suisse*, LI, p. 286.

4. *Romania*, XXXVII, p. 1, 378, 5 0 ss.

amusette d'amateur, dont il n'y a aucun profit à tirer pour l'avancement de nos connaissances. Pour qu'une étymologie s'impose à notre conviction, il ne suffit pas qu'on y ait dépensé des trésors d'ingéniosité, il faut qu'elle soit fondée sur un ensemble de données concordantes et sur des raisonnements logiques et persuasifs.

Beaucoup de noms sont bien documentés, sous des formes variables selon les temps, par une série de mentions approximativement ou exactement datées, qui remontent quelquefois très haut, jusqu'à l'époque barbare, jusqu'à l'antiquité romaine, jusqu'aux langues antérieures par l'intermédiaire des auteurs grecs et latins. Des noms connus dans un rayon plus ou moins étendu s'offrent à nous sous des formes différentes d'une langue et d'un dialecte à l'autre : *London* et *Londres*, *Lisboa* et *Lisbonne* ; *Rhône* en français, *Roze* chez Mistral, *rōnò* et *rūnò* dans le Valais roman, *rǫtò* dans le Valais allemand ; *Tolosa* chez les troubadours, *Toulouso* dans les patois modernes et *Toulouse*. D'autres encore, formés des mêmes éléments dans des parlers différenciés par le temps, présentent la même variété dialectale : tels les *Château, Cateau, Châtel et Castel* de France, les *Castillo* d'Espagne, les *Castello* d'Italie, et *kastę̄ḍḍu* qui est en Sardaigne le nom vulgaire de Cagliari. Toutes ces variantes, successives ou contemporaines, doivent être prises en considération ; autant que possible, toutes doivent être expliquées.

Mais les rapports qui les unissent entre elles, l'évolution continue qui relie les formes plus récentes aux plus anciennes, ne se laissent saisir que dans la langue parlée, dont l'écriture ne nous offre trop souvent qu'une représentation imparfaite ou inexacte. Le changement des langues ne s'accomplit pas sur le parchemin et le papier, mais dans le cerveau et dans la bouche de ceux qui les parlent. L'image visuelle que nous présentent les documents écrits a besoin d'être transposée dans le domaine des sons articulés par les organes de la parole et perçus par l'oreille. Nous savons que les changements de la prononciation n'influent qu'à la longue sur les façons d'écrire traditionnelles. Dans les documents du moyen âge des graphies plus modernes apparaissent avant des formes plus anciennes ou pêle-mêle avec elles : dans la même charte genevoise de 1307 je relève à quelques lignes de distance le même nom écrit *Peyciaco* et *Peycie* (aujourd'hui Peissy)[1]. Les scribes .ont continué longtemps à employer, concurremment avec les formes vulgaires, des formes latines ou latinisées ; et celles-ci, quelquefois forgées de toutes pièces d'après un modèle banal, ne correspondent pas toujours à celles-là. Ainsi l'on a traduit *Vevey*, l'ancien Vibiscum, par *Viviaco* et *Montreux*, qui est un ancien monasteriolum, par *Mustruaci*.

D'autre part, les mêmes lettres représentent, suivant les temps et les lieux, des prononciations différentes et, mal interprétées, nous induisent en erreur. L'orthographe des noms de lieu anciens ou dialectaux est

---

1. *Mémoires et Documents* publiés par la Société d'histoire et d'archéologie de Genève, XIV, p. 331.

régie par d'autres conventions que l'orthographe de nos langues officielles. « On prononce comme c'est écrit », me disait un paysan valaisan à qui je montrais un *ch* et qui le prononçait *ts*. Quand il s'agit de mots familiers, nous ne sommes pas gênés par une transcription inexacte. Mais une foule de noms de lieu ne nous sont connus que par les cartes et les répertoires géographiques. Tant que nous ne les avons pas entendu prononcer à ceux qui se les transmettent de père en fils et qui les ont tous les jours à la bouche, nous les connaissons mal. Il est déplorable que les excellents dictionnaires topographiques des départements français n'indiquent pas la prononciation locale de chaque nom encore usité. Ce qu'elle nous révèle souvent d'imprévu, vous en jugerez par deux exemples que je tire de mon expérience personnelle.

Dans la région du Saint-Bernard la carte suisse au 50.000ᵉ inscrit le nom de *La Neuva*, qui est celui d'un pâturage et d'un glacier. Une personne un peu familière avec les patois valaisans saura d'avance que l'*a* final est atone ; elle reconnaîtra l'adjectif « neuve » et pourra se rappeler qu'il y a d'autres pâturages qui s'appellent *la Neuve*. Mais interrogez les gens du pays : vous serez tout surpris d'entendre prononcer *lānǣva*, avec un *a* long qui n'est pas accoutumé dans l'article féminin. Cet *ā* nous engage sur une tout autre piste. Les noms d'*ó nǣva* et d'*Arnouva*, d'autres encore, formés des éléments *o* ou *ar* et d'un adjectif féminin, affluent à la mémoire des hautes régions du Valais, du canton de Fribourg, du Val Ferret italien. Comme

l'alternance locale des variantes *ā, o, ar* correspond
à un A latin suivi de L et d'une autre consonne, on est
amené à reconnaître dans tous ces composés une forme
vulgaire du mot ALPEM, encore usité au sens de
« pâturage alpestre » dans le provençal *aup*, l'italien
alpe, le réto-roman et l'allemand *alp*, mais perdu dans
la Suisse occidentale, comme en Savoie et en Dauphiné.

Pour se rendre de Genève à Paris ou de Paris à
Genève on passe en tunnel sous la montagne du Crédo.
Ce nom est ordinairement interprété et s'écrit quelquefois *Crêt d'eau*, comme s'il s'agissait d'une sorte
de château d'eau. Mais, dans les patois de cette région,
« de l'eau » se dit *d l ẹgyè* et *Crédo*, que l'on parle géographie ou liturgie, est prononcé *krédu*. On ne sait
rien concernant l'origine de ce nom, dont la plus
ancienne mention est de 1607[1]. A mon sentiment,
il est fort possible qu'il se réfère au symbole des
Apôtres. Je connais dans le canton de Vaud des lieux
dits *à l'Évangile, le Champ de l'Évangile, la Haie de
l'Évangile*. Or, dans un acte de 1343, une des limites
du territoire d'Yverdon est marquée « au noyer de
Porchaireux où l'on a coutume au temps des Rogations
de célébrer l'Évangile »[2].

Une des plus hautes cimes des Alpes Graies est communément appelée par les alpinistes italiens la *Gri-
vola*. Pour reconnaître dans ce nom « la grivelée »,
il faut savoir que la prononciation locale met l'accent

---

1. Éd. Philipon, *Dictionnaire topographique de l'Ain*.
2. A. Crottet, *Histoire et annales de la ville d'Yverdon* (Genève, 1859),
p. 60.

sur l'*a* final [1]. Pareillement, la confusion longtemps persistante entre les noms romains en *-in(s)* ou *-inge(s)* et les noms formés au moyen du suffixe germanique -ING n'a pu être décelée, leur provenance différente n'a été reconnue et démontrée que par la concordance entre la tradition écrite et les patois actuels. J'étais donc bien fondé à vous dire, dans ma leçon précédente, que la prononciation locale, patoise, est comme la pierre de touche de l'étymologie. C'est par elle, par elle seule, que nous pouvons contrôler les graphies anciennes et modernes, y saisir au passage les moments successifs de l'évolution dialectale dont elle est le dernier terme, l'aboutissement provisoire. Je disais qu'elle peut être aussi, mais elle n'est pas toujours la clef de l'interprétation ; car elle a souvent perdu, par l'usure du temps, une partie des éléments qui nous permettraient de l'identifier. Considérez la langue que nous parlons, dans laquelle se confondent la plupart des pluriels avec leur singulier, un *vers* de poète, un *ver* de terre, un *verre* à boire, un habit *vert* et la pantoufle de *vair* de Cendrillon. Sans le recours aux formes écrites, aux plus anciennes mentions, comment est-ce que nous saurions distinguer des noms devenus homonymes, tels Charenton-le-Pont (Carentone) et Charenton-sur-Cher (Carantomagus)[2] ? Comment est-ce que nous devinerions le mot *alleu* sous la prononciation vaudoise et fribour-

---

1. *Augusta Praetoria*, revue valdôtaine de pensée et d'action régionalistes, V, p. 10.
2. A. Longnon, *Les Noms de lieu de la France*, p. 44.

geoise *alą̃*, si nous n'étions avertis par les graphies *Allaux, Alloux, Allours* des plans cadastraux que la voyelle finale est un *a* de date récente ?

A mesure qu'on remonte des formes plus modernes aux plus anciennes, le jeu des hypothèses va se restreignant, se resserrant, comme au cours d'une analyse chimique, jusqu'à ce qu'on ait réussi à isoler et à définir ce qu'on cherchait. Mais, pour la bonne réussite, il importe qu'au préalable les mentions fournies par les anciens documents aient été bien identifiées avec l'usage actuel, en tenant compte de toutes les circonstances de leur transmission en original ou en copie, des habitudes de langue et de graphie du temps, du pays, de la chancellerie et du scribe dont elles sont émanées. Entre les variantes souvent très divergentes d'un seul et même nom il y a un triage à opérer, dont le principe est leur plus ou moins exacte concordance avec la langue parlée autrefois et aujourd'hui.

Des noms de lieu passés dans une langue étrangère ou dans un autre dialecte de la même langue ont quelquefois mieux gardé que dans l'usage local des traits caractéristiques de leur physionomie originelle. L'allemand *Siders* est plus près du patois *chįrò* que le français *Sierre* (Valais) et concorde par son *d* avec le *Sidrium* des plus anciennes mentions ; l'allemand *Vivis* conserve l'*i* et l'*s* de l'ancienne forme *Viveis* du nom de *Vevey* (Vaud). La forme catalane *Besalu* est moins intacte que le provençal *Bezaudu* et le français *Bezaudun*. Les *Marly* français se laissent très bien dériver

du gentilice MARILIUS ; mais les *Marly* du canton
de Fribourg doivent être rattachés à MARTILIUS ou
MATRILIUS à cause de la forme germanisée *Merten-
lach*[1]. Un autre nom suisse en -ACUS, celui d'*Ouchy*,
est constamment écrit au moyen âge *Oschie*. N'ayant
pu découvrir aucun nom romain correspondant, je
l'avais tiré du gentilice ULPIUS, en supposant que l'*s*
était muette. Mais on m'a très justement objecté
qu'elle est confirmée par la prononciation allemande
Ohtje, dont l'*h* correspond à une ancienne *s* romane[2].

Il y aurait donc un grand profit à recueillir le plus
possible de variantes dialectales et étrangères des noms
de lieu. Mais l'usage qu'on en fera doit être soumis,
comme la *varia lectio* d'un texte controversé, à une
soigneuse discrimination. Les emprunts sont de date
différente, ont passé par des filières différentes. Ainsi
le nom de *Toulouse*, en français, n'est pas le continua-
teur direct du latin TOLOSA, puisque la finale -OSA
est ordinairement prononcée -*euse*. Il doit avoir été
emprunté aux dialectes méridionaux à une époque où
déjà l'on ne prononçait plus *Tolosa*, comme les anciens
troubadours, mais *Toulousa* ou *Toulouso*. Même les
formes patoises ne méritent pas toujours la confiance
qu'un linguiste inexpérimenté serait tenté d'y accorder.
Dans le patois vaudois de Blonay on prononce *valọrba*
et *payẹrna* les noms de Vallorbes et de Payerne[3].

---

1. J. Stadelmann, *Études de toponymie romande*, dans les *Archives* de la
Société d'histoire du canton de Fribourg, VII, p. 277-78.

2. J. U. Hubschmied, dans la *Zeitschrift für Deutsche Mundarten*, XIX,
p. 181, n. 6.

3. L. Odin, *Glossaire du patois de Blonay* (Lausanne, 1910), p. 665 et 666.

Mais à Vallorbes même on dit *valǫrbè*, aux environs de Payerne *payẹrnu,* en plein accord avec les formes médiévales *Valorbes* et *Paternium* ou *Paterniacum.* Celles de Blonay ne sont donc pas traditionnelles, mais refaites en patois sur le français. Là où le dialecte a cessé d'être parlé, les vieillards qui s'en souviennent mal ne font bien souvent que retraduire avec effort les noms inscrits au cadastre et sur les cartes. Si l'on veut recueillir les noms de lieu sous leur forme authentique, il faut se hâter. A défaut de patoisants, il convient de s'enquérir de la prononciation qu'on y donne en parlant la langue commune ; car elle a souvent gardé l'empreinte du dialecte oublié. A Fleurier (Neuchâtel), par exemple, une vieille dame me nommait un lieu dit « le *pèdẹ* », que le plan cadastral appelle en bon français *le Pendant.*

En fondant l'interprétation des noms de lieu sur les correspondances habituelles entre des formes de langue de date et de provenance diverses, sur le contrôle de ces formes les unes par les autres, nous admettons implicitement que les noms propres obéissent dans leur évolution aux mêmes tendances, sont soumis aux mêmes règles que les autres mots. On ne conçoit pas comment ni pourquoi ils ne suivraient pas la filière accoutumée ; et cet *a priori* méthodique, en permettant d'éliminer beaucoup d'étymologies fausses ou douteuses, est souvent confirmé par l'expérience. Néanmoins, lorsque nous pouvons comparer entre elles ou avec d'autres éléments du langage les formes successives ou les variantes dialectales d'un nom de lieu, nous observons, tout comme dans les mots usuels, mainte divergence, mainte irrégularité, réelles ou apparentes, dont il s'agit de déterminer les caractères, les conditions, les causes probables ou certaines.

Il y a nécessairement (ou du moins il peut y avoir) discordance entre le nom de lieu et l'ambiance dialectale, s'il a été emprunté à une autre langue, s'il est formé d'un mot ou d'un nom de personne étrangers. Certaines dénominations qui datent du moyen âge ou même des temps modernes sont du latin tout cru : *Monten Domini*, *Scala Cœli*, *Fara Filiorum Petri* (Italie), *Humilimont* (Fribourg), *Finistère*. *Carignan* est un nom piémontais transplanté dans les Ardennes et dans le pays de Fribourg. Les Anniviards, qui ne parlent entre eux que patois, appellent un de leurs pâturages, en français, *Châteaupré*.

En revanche, certaines particularités dialectales, effacées dans les autres mots, se sont quelquefois perpétuées dans des noms de lieu sous l'empire d'une longue habitude. Dans presque tout le Bas-Valais un ancien A libre et accentué, correspondant à notre *é* français, est ordinairement représenté par *o* : au latin PRATUM, au français *pré* répond le patois *pró*. Cependant les noms de lieu offrent souvent ce mot sous la forme *prā*. Si l'on y regarde avec attention, on constate que ce sont toujours ou du moins que ce peuvent être des pluriels. Or, dans une partie des dialectes gallo-romans, les destinées de l'A sont conditionnées par la plus ou moins longue durée des phonèmes qui le suivaient. Les mêmes patois qui prononcent *pró* et *tsãtǫ́* (CANTATUM) au participe masculin prononcent *nā* (NASUM) et *tsãtā* à l'infinitif, parce que *r* et *s* se sont amuïs plus tard que *t* [1]. La forme *prā* des noms de lieu est donc la forme normale du pluriel. Celui de l'appellatif est identique au singulier, conformément à l'analogie des autres mots, dont la plupart ont la même voyelle aux deux nombres.

Toute espèce de mot est sujette à ces *accidents généraux* que nous désignons par les termes d'assimilation, de dissimilation et de métathèse. Ce ne sont point, en réalité, des « accidents »; car la comparaison d'un grand nombre de langues a permis à M. Grammont d'y reconnaître l'effet de tendances permanentes dont il a pu formuler les lois [2]. Mais ces tendances sont, dans chaque cas particulier, dans chaque mot ou groupe de mots, favorisées ou contrariées, selon les temps et les lieux, par un ensemble de conditions phonétiques et sémantiques dont le détail exact nous échappe. Isolés par leur emploi du reste du vocabulaire, les noms de lieu sont plus que tous les autres mots sujets aux accidents de dissimilation, dont la fréquence dûment constatée rend compte de beaucoup d'anomalies apparentes. Les prononciations vulgaires *mécredi, colidor, porichinelle* n'ont pas réussi à prévaloir dans la langue générale. Mais que de fois des lieux dits *la Confrérie, les Lentillères, la Jonchère* sont dénommés

---

1. L. Gauchat, dans la *Romania*, XXVII, p. 270 ss.

2. *La Dissimilation consonantique dans les langues indo-européennes et les langues romanes* (Dijon, 1895).

kõflari̦, Nantillères, Donchire ! Le nom de Taninges (Haute-Savoie), dérivé du gentilice Tannius, est prononcé sur place *tañę̃zə*, mais ailleurs *tanę̃zò* sans mouillure, afin d'éviter la succession de deux consonnes palatales, le *z̧* moderne ayant succédé à un ancien *dj* attesté en 1263 par la graphie *Taningio*. Parmi une foule d'autres exemples, je citerai encore *Revilla* pour *Rivilla* et *Tornadijo* pour *Tordadijo*, en Espagne [15], *Otricoli* (Utriculi dans l'*Itinéraire d'Antonin*) pour Ocriculum et *Coppito* pour un ancien *Popplito*, en Italie. Cette répugnance pour la succession de deux articulations proches ou identiques a conduit à supprimer l'une des deux, ou même une syllabe entière, dans *Bèbre*, jadis *Berbera*, dans *prăy̆õ* écrit *Praz Riond* (Attalens, Fribourg), dans *Zaragoza* (Cæsaraugusta), dans *la Magna*, ancien nom italien de l'Allemagne (Alamannia).

Tandis que la plupart des autres mots se prêtent à des agencements variés dans le discours, les noms de lieu sont presque toujours engagés dans des combinaisons fixes avec l'article et les prépositions locales. Dans les noms composés les éléments composants, même encore reconnaissables, ne sont pas toujours reconnus, si l'attention ne se porte pas sur leur signification. Les mots ainsi associés ne peuvent être isolés les uns des autres que moyennant un effort d'analyse dont tout le monde n'est pas capable. Par suite, les phénomènes d'agglutination et de « déglutination », de prosthèse et d'aphérèse s'observent très souvent dans l'écriture

---

15. R. Menéndez Pidal, *Manual elemental de gramática histórica española*, 5ᵉ éd. (Madrid, 1925), p. 149 et 159.

et la prononciation des noms de lieu. *Dax,* identique à *Ax* et *Aix, Domat,* en allemand *Ems,* dans les Grisons, ont emprunté leur *d* à la préposition AD. *Saint-Chamant* (AMANTIUS), *Saint-Chamond* (ANNEMUNDUS), *Saint-Chaptes* (AGATHA) doivent leur *ch* à une forme dialectale du mot « saint ». *Rimini* (ARIMINUM) et *Ronda* (ARUNDA) ont perdu leur *a* dans la combinaison avec la préposition *a.* Par confusion avec l'article, le nom de *Lucinge* est devenu à Lausanne *au Singe* et, dans une autre commune vaudoise, le singulier *en Lombardet* a passé au pluriel sous la forme *éz õbardẹ.*

Quand on s'enquiert d'un nom de lieu, on ne devrait jamais négliger de demander quel article et quelle préposition y sont habituellement associés. C'est à l'enquêteur, non au « sujet », qu'incombe la tâche de dégager la forme authentique de la gangue dont elle est d'ordinaire enveloppée. Sur les plans de la commune valaisanne de Nendaz, la graphie *Nachouet* correspond à la construction fréquente « en *āchuẹ* »; mais l'*n* se révèle comme une consonne de liaison aussitôt qu'on a entendu prononcer *di āchuẹ, i maẽ d'āchuẹ* [1]. Il y a d'autres cas plus difficiles qui ne se laissent résoudre qu'avec beaucoup de peine et qu'on ne résout pas toujours. Convient-il mieux d'écrire *la London* ou *l'Allondon, la Reuse* ou *l'Areuse* les noms de deux rivières qui se jettent, l'une dans le lac de Neuchâtel, l'autre dans le Rhône, après avoir traversé le Pays de Gex et le canton de Genève ? La carte suisse écrit

---

1. « Mayen » est le terme par lequel on désigne en Valais les pâturages du printemps.

Allondon, parce qu'on s'est avisé de rapprocher ce nom de celui d'Allemogne, village situé sur cette rivière, non loin de Thoiry où se cuisine la paix de l'Europe.

Nos liaisons françaises nous ont habitués à la variabilité des consonnes finales, selon que le mot est ou non suivi d'un autre mot. En Sardaigne et en Italie, comme dans les langues celtiques, la consonne initiale peut également varier dans la phrase : *esce di Roma, vive a rRoma ; a cCareggi, la villa di hareggi.* Pareillement, dans la commune d'Hérémence, en Valais, le lieu dit *dèri ẹla* nous offre le mot « ville » sous la forme à *v* amuï entre voyelles qui est devenue la normale dans ce patois ; mais, en nommant le chef-lieu de la commune *ẽ vẹla,* on prononce toujours le *v,* conservé après l'*n* finale de la préposition ɪɴ. Dans environ deux cents noms de lieu du Valais central un *p,* un *t,* un *k,* un *ts* initial, en se combinant avec l'*s* finale de l'article ou d'un adjectif pluriels, a fait place à une consonne nouvelle, la même qui résulte du groupement de ces phonèmes à l'intérieur d'un mot. En contraste avec les pluriels ordinaires des mots « pré », « plan », « torrent », « combe », *tsã* (champ), des lieux dits nous offrent les variantes *ī frãs* (auparavant *ys Pras*), *ei flãşòrẽs, i họmbè, é tsã dei sã* ; et dans cette dernière le changement de l'initiale s'accuse par l'association du nom propre avec l'appellatif dont il est formé[1]. Ces exemples illustrent la part de la *phonétique syntaxique* dans l'interprétation des noms de lieu.

---

1. *Bulletin du Glossaire des patois de la Suisse romande,* XI, p. 49 ss.

L'esprit qui s'efforce à découvrir une lueur de sens aux mots et aux noms propres obscurs aime à les rapprocher d'autres mots plus familiers et, pour les y assortir, les dévie assez souvent de la tradition phonétique ou graphique, par analogie, par étymologie populaire, par spéculation érudite ou mystique, par « attraction paronymique »[1], par croisement ou contamination : autant de termes par lesquels nous essayons de définir et de caractériser les jeux variés de l'association des idées, quand c'est le langage qui en est l'enjeu. Le français *choucroute*, emprunté de l'alsacien *sûrkrût*, est un spécimen classique des non-sens où peuvent aboutir ces velléités d'interprétation ; *Campidoglio*, à Rome, pour CAPITOLIUM en est un autre. Par l'intermédiaire du FORUM POPULI des itinéraires romains l'antique FORUM POPILII est devenu le moderne *Forlimpòpoli*. Du nom de la cité des TRICASTINI, rapproché du plus familier CASTELLUM, on a fait celui de *Saint-Paul-Trois-Châteaux* (Drôme). Au Pas de Marengo, sur la route du Saint-Bernard, les voyageurs se rappellent le passage de Napoléon en mai 1800 ; mais ce défilé est mentionné déjà en 1783 sous la forme patoise *Maringou*. A Genève j'ai entendu dire *la Cour* des Bastions pour *le Cours* des Bastions. Dans les exemples suivants vous reconnaîtrez l'intervention ou, pour parler le langage du jour, *la Trahison des clercs*. La préférence donnée à la graphie *Allondon* sur la graphie *London* est un cas d'attraction paronymique

---

1. A. Dauzat, *Les Noms de Lieux* (Paris, 1926), p. 63.

sans rien d'une « étymologie populaire ». Le nom français du village fribourgeois d'Arconciel, en patois *arkõ-ḥyī*, en 1082 *Arconciacum*, est le résultat d'un jeu de mots clérical qui se devine sous les graphies *Arcae Cœli* de 1665 et *Arcanciel* de 1755 [1]. D'un lieu dit *Laplayaux* quelque amateur de mythologie a tiré le nom des *Pléiades*, qui est celui d'un mont proche de Vevey et Montreux.

Comme la société elle-même dont il est l'organe, le langage nous montre une superposition, une hiérarchie de formes plus basses et plus élevées ; et les formes inférieures tendent naturellement à se modeler sur les formes supérieures. Aussi bien que l'académicien, le patoisant a son idéal linguistique, offert à ses yeux et à ses oreilles par la langue des villes, la langue écrite et officielle, jadis le latin ou quelque parler provincial, aujourd'hui le français, l'italien ou le castillan de l'école et des imprimés. Tout comme le costume campagnard obéit de loin aux variations de la mode citadine, beaucoup de noms de lieu se ressentent de l'influence des langues littéraires. En Espagne, le prestige du latin a sauvé les voyelles pénultièmes de *Córdoba, Mérida, Gállego* de l'amuissement qui a été le sort habituel de leurs congénères. Au lieu de *Bilbao* on entend quelquefois dire *Bilbado*, parce que les prononciations *prao* pour *Prado*, *cantao* pour *cantado* sont tenues pour vulgaires [2]. Dans le patois bagnard et d'autres patois

---

1. Stadelmann, p. 264-6.
2. Menéndez Pidal, p. 14 et § 71 (*Ultracorrección*).

valaisans, comme en portugais, *l* est amuïe entre voyelles. On écrit *Villette* et l'on prononce *vyẹ̀ta* ou *vẹ̀ta* ; mais une prononciation *vilẹ̀ta*, qui passe pour meilleure, commence à être usitée.

Le même souci du mieux dire, combiné avec un maladroit essai d'interprétation, explique la graphie *Pierre à Voir*, du nom d'une cime valaisanne d'où l'on jouit d'une belle vue et qui s'appelle en patois *pyèravwạ*, c'est-à-dire PETRA ACUTA, « la pierre aiguë ». Dans mon enfance tout le monde prononçait *Lausanne* avec un *o* ouvert, conformément au patois *lòzạna* ; mais aujourd'hui les oreilles vaudoises se sont habituées à l'*o* fermé que nous suggère l'écriture. Partout, malheureusement, par suite de l'instruction largement répandue et des communications de plus en plus faciles, la superstition enfantine de la lettre moulée menace gravement l'intégrité des noms de lieu hérités des anciennes générations. Combien de fois n'ai-je pas entendu des paysans s'excuser de ne pas les prononcer comme ils sont écrits (et souvent mal écrits) sur les cartes !

Quand il y a substitution d'une langue à une autre, le répertoire des noms de lieu n'est pas renouvelé d'une façon aussi complète que la grammaire et le vocabulaire indigènes. La plupart, demeurés en usage, perpétuent dans la postérité les traits plus ou moins intacts du parler éteint. Le latin et l'espagnol nous ont conservé ainsi de nombreux vestiges des anciennes langues de l'Europe et de l'Amérique. Sur les confins sud-ouest de la langue d'oui, dans les Charentes, les noms de *La Tremblade*, de *Chermignac, Jonzac, Cognac,*

Jarnac, Segonzac, et d'autres encore, témoignent que les parlers de langue d'oc s'étendaient jadis plus loin vers l'océan. Dans les communes occidentales du district valaisan de Loèche, gagnées à l'allemand depuis le xvie siècle, on retrouve, sous une forme archaïque, les mêmes noms romans, le même dialecte que dans la contrée voisine de Sierre. Les études sur les variations de la limite des langues romanes et germaniques, en Belgique et en Suisse, sont en grande partie fondées sur les données de la toponymie.

Les noms de lieu ne sont pas ordinairement traduits, même quand ce sont des mots intelligibles à chacun, comme *Praz* ou *Rio* dans les patois suisses. Mais très souvent, au passage d'une langue dans une autre, il y a substitution de voyelles ou de consonnes, conformément à des correspondances évidentes ou à des analogies quelquefois trompeuses. Ainsi l'*e* muet remplace en français les *a*, les *e* ouverts ou fermés, les *i*, les *o*, les *u*, en syllabe finale atone, qui donnent une intonation italienne aux dialectes parlés dans le Midi de la France, dans la Suisse romande et dans les vallées d'Aoste et de Suse : *Toulouso* Toulouse, *Maiano* Maillane, *Antiboul* Antibes, *lòzəna* Lausanne, *payèrnu* Payerne. Le *ts* et le *dz* suisses, le *ş* et le *ʒ* savoyards sont représentés par *ch* et *j* : *avĕtsu* Avenches, *ʒ̇ənəʋa* Genève ; e *b* gascon a cédé la place à *ʋ* : la *Ribera de Sent Sabii*, en Bigorre, s'appelle depuis le xviie siècle la *Rivière* (ou la Vallée) *de Saint-Savin*[1]. La tradition écrite aide

---

1. A. Meillon, *Esquisse toponymique de la vallée de Cauterets* (Cauterets, 1908), p. 99-101.

à l'assimilation, quand elle a été fixée à une époque
où les dialectes étaient moins différenciés les uns des
autres qu'aujourd'hui ; mais elle en contrarie le jeu
normal, quand elle s'obstine à conserver des graphies
surannées, comme *Marvéjols, Maxéville*, en France,
Zinal, Rivaz, Réchy (avec un *i* atone), en Suisse. A l'anar-
chie corruptrice qui règne dans l'orthographe des noms
de lieu il serait grand temps que succédât une réglemen-
tation fondée sur des principes scientifiques. Quelques-
uns des exemples précédents enseignent comment,
sans les travestir, on pourrait les *transposer* de l'usage
dialectal dans la langue de tout le monde.

Le grec, les langues parlées dans l'Europe occidentale antérieurement à la colonisation grecque et à la
conquête romaine avaient, les langues germaniques
ont d'autres habitudes d'accentuation que le latin ;
une partie des dialectes gallo-romans et ceux de l'Italie
septentrionale en ont d'autres que le français ou le
toscan. Qu'est-il advenu de l'accent des noms de lieu
étrangers ou dialectaux, quand ils ont passé en latin
ou dans l'une des langues modernes de la *Romania* ?
Les Vaudois et les Valaisans continuent, en parlant
français, à accentuer sur l'avant-dernière syllabe
rĭva ou *rĭv* et *rèx* ; mais les gens du dehors, qui ont
appris ces noms par la vue et non par l'ouïe, mettent
naturellement l'accent sur la finale atone. Certains
patois gallo-romans ont conservé jusqu'aujourd'hui un
petit nombre de mots accentués sur l'antépénultième. Au patois *zènəva* correspondait l'ancien français *Genves* ou *Gennes* ; mais l'accent a été déplacé

dans le moderne *Genève*, comme dans le nom de l'*Isère* (*Iséra*, *Iséro* chez Mistral), qui est une réplique dauphinoise de l'*Oise* (ISARA). A l'inverse, mais par l'effet de la même cause, la tyrannie démocratique du plus grand nombre, on observe quelquefois, au passage du patois en français et dans les patois eux-mêmes, le recul de l'accent de la syllabe finale sur la pénultième atone. *Bouloz* (Fribourg), prononcé aujourd'hui *bųlu*, accuse dans les mentions du xie et du xiie siècle, *Bedolosci*, *Bolosc*, la présence d'un suffixe accentué. *Corneille*, dans l'Aude, et les *Saint-Romme* du même département s'appelaient auparavant *Corneillan* et *Saint-Romain* [1] : l'ancien *a* accentué, devenu final par la perte de l'*n* suivante, a participé dès lors aux destinées de l'*a* final atone.

Les oxytons grecs, comme Ἀγαθὴ (Τύχη) dans *Agde*, et les composés germaniques à syllabe initiale accentuée, *Phalsbourg, Dunkerque*, ont conformé leur accentuation à l'usage régnant en latin et en français. Mais, en dépit de la règle latine, des proparoxytons à pénultième longue, voire même des noms à accent reculé au delà de l'antépénultième, nous sont attestés, dans l'usage romain, par leurs continuateurs italiens, espagnols ou français : *Bríndisi* (BRINDISIUM, Βρεντέσιον), *Táranto* (TARENTUM), *Pésaro* (PISAURUM), *Ebro* (HIBĒRUS), *Adra* (ABDĒRA), *Nîmes* (NEMAUSUS), *Bourges* (BITURĪGES), *Troies* (TRICASSES) et d'autres encore. Les doublets *Nîmes* et *Nemours, Cosnes, Conde* et

---

1. Sabarthès, *Dictionnaire topographique de l'Aude.*

Condé ou *Condat* (du gaulois CONDATE, « confluent », peut-être accentué sur la pénultième brève)[1], révèlent le conflit entre la prononciation latine et les prononciations indigènes.

Dans l'interprétation des noms de lieu passés d'un idiome à un autre, nous avons à tenir compte de l'état phonétique de la langue ou des langues antérieures aussi bien que des mutations survenues dans la langue héritière. Une partie des noms romains et ibériques de l'Espagne sont parvenus aux modernes par l'entremise de l'arabe et en gardent l'empreinte. L'étude systématique de ces influences arabes fournirait une précieuse contribution à la toponymie de la péninsule. Parmi la foule des noms d'origine germanique on perçoit la diversité commençante des principaux dialectes barbares. Longnon, qui a si heureusement tiré parti de ses recherches toponymiques pour reconnaître les vestiges d'établissements germaniques en Gaule, s'est trompé, — comme il peut arriver même aux plus sagaces, — en attribuant aux Saxons le nom du lieu dit *Zuthove* (*Suthove* 1304), dans la commune de Quelmes de l'arrondissement de Saint-Omer [2]. *S* initiale n'était pas sonore, comme en flamand et en allemand, dans la langue des pirates qui se sont établis sur le *litus Saxonicum* et dans la Grande-Bretagne : comparez l'anglais *south* et le hollandais *zuid*. La certitude fournie par le *z*

---

1. J. Vendryes, dans les *Mémoires de la Société de Linguistique de Paris*, XIII, p. 394.
2. *Les Noms de lieu*, p. 194, n° 804.

que *Zuthove* est un nom flamand jette une ombre de doute sur la provenance saxonne de plusieurs autres noms de la même région. Tant il est vrai que les voyelles et les consonnes des plus infimes noms de lieu peuvent être, à l'égal des parchemins et des pierres, des documents précieux pour la connaissance de notre passé.

Tout comme leur prononciation varie en même temps que celle des autres mots, les noms de lieu obéissent aux mêmes habitudes de flexion et de syntaxe. Mais, dans leurs emplois les plus fréquents, certaines règles de syntaxe s'y appliquent d'une façon plus spéciale, certaines constructions, certaines formes de flexion y sont d'un usage plus étendu ou plus restreint. Ces particularités des noms de lieu doivent être présentes à notre mémoire, si nous voulons les bien expliquer et les caractériser sous tous leurs aspects.

L'étude de la flexion est inséparable de celle de la syntaxe, parce que le choix de la désinence est motivé, commandé par la construction de la phrase ou du groupe de mots. La réduction de la déclinaison latine à deux ou un seul cas est moins le résultat de la confusion des désinences casuelles que de l'emploi, de plus en plus fréquent avec le temps, des prépositions AD, DE, IN, PER, qui marquent avec plus de netteté, de force et de précision les rapports auparavant exprimés par les cas. La substitution de l'accusatif à l'ablatif comme régime des prépositions, dont il y a déjà des exemples dans les inscriptions de Pompéi, a assuré le triomphe de la désinence la plus fréquente. Dans les appellatifs et les noms de lieu sardes, espagnols, gallo-romans et réto-romans on reconnaît presque toujours des accusatifs, privés au singulier de l'м finale qui s'est de bonne heure amuïe en latin. La perte, en italien et en roumain, de l's finale a eu pour conséquence la confusion de l'accusatif et du nominatif singuliers sous une forme unique et la préférence donnée aux nominatifs pluriel en -ae et -i sur les accusatifs en -as et -os. Les pluriels en -*i* de la 3ᵉ déclinaison, les pluriels toscans en -*i* de la 1ʳᵉ (*ali, armi, porti*) sont des problèmes controversés dont présentement nous pouvons nous désintéresser.

Les langues parlées dans l'ancienne Gaule et l'ancienne Rétie avaient encore au moyen âge un nominatif distinct de l'accusatif. On a voulu expliquer par ce nominatif roman la fréquence de l'*s* finale dans les noms de lieu, quand elle n'est pas une superfétation orthographique [1]. L'emploi de formes plurielles me paraît beaucoup plus vraisemblable. Dans les campagnes on observe une continuelle hésitation entre le singulier et le pluriel dans la désignation de parcelles divisées entre plusieurs propriétaires ; et beaucoup de propriétés romaines, qui ont laissé leur nom à des villages ou à des villes, ont dû être morcelées lors de l'établissement des barbares. Pareillement on dit *les Andelys* (jadis *Andelagus, Andeleius*) et *les Allinges* (au xiiiᵉ siècle *Alingio*), afin de marquer la pluralité des lieux ainsi désignés : *le Grand* et *le Petit Andelys* (Seine-Inférieure) et les deux châteaux juchés sur le côteau des Allinges (Haute-Savoie).

---

1. Philipon, dans la *Romania*, XXXVIII, p. 406.

D'autres cas, cependant, réclament une autre explication. Le Forum Traiani de Sardaigne s'appelle dans l'usage moderne *Fordongianus*. M. Carlo Battisti me suggère que ce peut être un accusatif pluriel dont on aurait doté Forum Traiani, pris pour un nominatif, lorsque le génitif latin eut cessé d'être en usage. Cette ingénieuse conjecture s'appliquerait aussi bien à *Fréjus*, remplaçant Forum Iulii, et même encore à *Nyons* en Dauphiné (Noviomagus), si l'on admet comme point de départ la forme en -i usitée à la question ubi et fort bien conservée ailleurs, comme nous le verrons bientôt. La même graphie *Nyons* se rencontre quelquefois parmi les anciennes mentions de Nyon en Suisse (Noviodunum) et son *s* est perpétuée dans la prononciation allemande *Neuss*. A une forme romanche ou latine sans *s* correspondent aussi, et à mainte reprise, d'anciennes mentions et un nom allemand en *s* : par exemple *Glion* Ilanz, *Flem* Flims, *Valendau* Valendas, *Surkasti* Oberkastels, *Tavo* Davos, *Sumvitg* Somvix, *Trun* Truns, dans les Grisons, *Tuer* Taufers, dans la haute vallée de l'Adige. Ces cas n'ont pas encore été bien élucidés. M. Robert de Planta pense que ces formes peuvent être imitées des noms de lieu pluriels qui sont fréquents dans les dialectes alémaniques[1]; mais l'emploi de l'*s* romane en bouche allemande, pour faire passer au pluriel des noms de lieu romans, me semble difficilement concevable. Quant à moi, il ne

---

1. *Die Sprache der rätoromanischen Urkunden des 8.-10. Jahrhunderts*, p. 77, en tête de la 1ʳᵉ livraison des *Regesten von Vorarlberg und Lichtenstein* bearbeitet von Ad. Helbok (Bern, Bregenz, Stuttgart, 1920).

me répugnerait nullement de supposer que, lorsque
la déclinaison à deux cas était encore en vigueur,
des noms réto-romans et gallo-romans aient pu être
accueillis dans une autre langue sous la forme dont
on se servait en nommant les lieux à qui ne les connais-
sait pas de longue date. Ainsi beaucoup d'étrangers,
en Russie, ont appris le mot *vodka* sous la forme du
génitif *vodki*, parce qu'elle est la plus fréquente dans
le commerce de cette boisson.

Seul entre tous les idiomes romans, le roumain est
en possession d'un vocatif, qu'il a emprunté aux langues
slaves, et d'un génitif–datif, hérité du latin : *Valea
Putnei*, « la Vallée de la Putna », bourg ; *străzile Bucu-
reștilor* ou *Bucureștului*, « les rues de Bucarest ». Ailleurs des vestiges des cas tombés en désuétude se sont
conservés dans des emplois spéciaux, et notamment
dans des noms de lieu. Comme l'expression des rapports de lieu exige l'emploi de certaines désinences et
de certaines prépositions, on observe que les noms de lieu
ont une tendance à se fixer, à s'immobiliser sous les
formes ou dans les constructions où ils sont le plus
usités. A preuve des noms allemands tels que *Zermatt,
Zmutt, Z'meiden*, dont la préposition *zu* est devenue
inséparable. En patois auvergnat, « tout nom de lieu,
même sujet, même hors phrase, doit être précédé de *vé* »,
c'est-à-dire « vers »[1]. A des noms comme *Derrière la
Ville, Tras/os Montes* (Portugal), *Vers Chez les Blanc*
(Lausanne) la préposition est aussi indispensable que

------

1. Dauzat, p. 60, n. 1.

son régime. Même il y en a beaucoup dont on ne peut fournir une explication raisonnable qu'en remontant à leur emploi originel comme compléments de lieu. Une parcelle caractérisée par la présence d'un arbre ou d'un bloc de pierre, une tête de pont, une localité riveraine d'un cours d'eau dont elle a emprunté le nom, une ville ou un pays qui ont pris celui de leurs habitants, n'ont pu être appelés d'emblée « le poirier, la pierre, le pont, URBA, PARISII ». La complète identification du nom et du lieu ne s'est accomplie qu'à la faveur des constructions normales AD PIRUM, AD PETRAM, AD PONTEM, AD URBAM, AD PARISIOS ou IN PARISIIS.

Aussi bien que les plans cadastraux modernes et les chartes du moyen âge, les inscriptions et les itinéraires romains nous présentent très souvent les noms de lieu sous la forme usitée à la question UBI : « loco qui appellatur IN EPETINA » (CIL, III, 2386) ; « qui locus appellatur MEMPHI » (*ib.*, VI, 461) ; AD SALICES, AD FINES, AD PIRUM TORTUM, IN SUMMO POENINO, VERNO SOLE, dans les itinéraires.

La réduction des formes casuelles à une seule, dans certains noms de lieu, est attestée au ve siècle par un passage souvent cité du grammairien gallo-romain Consentius (Keil, *Grammatici latini*, V, 349, 4) :

« Interdum », dit-il en parlant des noms de villes, « efferuntur novo modo et quasi monoptota, ut CURIBUS (CURES en Sabine), TRALLIBUS (TRALLES en Carie) TURRIBUS, SULCIS (en Sardaigne). »

Ce témoignage est confirmé plus anciennement par

quelques inscriptions [1]. Sur des bornes milliaires pla-
cées en Sardaigne entre les années 244 et 249 on lit
(CIL, X) : « viam quae a Nora ducit BITIAE (7996),
— ducit KARALIBUS (7999), — ducit a Karalibus
OLVIAE (8027) ». Comparez REDEI DOMI dans un
graffite de Pompéi (*ib.*, IV, 2246). Une inscription
de Gales, en Afrique, d'époque tardive, nous montre
même l'ablatif de lieu dans la fonction de cas sujet :
« quam effigiem... Flavio Calipodio subvexit dulcis
parens GALIBUS et amabilis patria » (*ib.*, VIII, 758).
Le même solécisme, caractéristique du latin qu'ap-
prenaient les provinciaux, apparaît déjà dans une inscription trouvée aux environs de Darmstadt, qui est
du II[e], peut-être même du I[er] siècle de notre ère :
« Hic int[erfece]re latrones [que]m genuit TEA[N]o
SIDICINO » (*ib.*, XIII, 6429). Ces faits expliquent comment les désinences casuelles usitées sans préposition
pour marquer le lieu de séjour ont pu se perpétuer dans la
langue parlée, tandis que s'y généralisait l'emploi des
prépositions accompagnées d'un régime à l'accusatif.

La longue persistance de la désinence -I du locatif singulier indo-européen, confondue en latin avec l'I
du génitif, du datif ou de l'ablatif, offre un exemple
frappant de ces particularités morphologiques et syntaxiques par où les noms de lieu se distinguent des
autres mots [2]. Sauf un petit nombre d'appellatifs

---

1. W. Meyer-Lübke, dans le *Grundriss der romanischen Philologie*, I,
2e éd. (Strassburg, 1904-6), p. 481, § 54.
2. G. Funaioli, *Der Lokativ und seine Auflösung*, dans l'*Archiv für latei-
nische Lexikographie und Grammatik*, XIII, p. 301 ss.

employés adverbialement, comme TERRAE, HUMI, DOMI, RURI, cette désinence de situation y est affectée exclusivement. A la 3e déclinaison Plaute distingue encore de l'ablatif CARTHAGINE les locatifs CARTHAGINI, SICYONI, ACHERUNTI. Les formes TIBURI, ANXURI sont du latin le plus classique et TIBURI se continue dans l'italien *Tivoli*. A la 1re et à la 2e déclinaison, nous reconnaissons également le locatif sous la règle qui veut qu'on mette au génitif, à la question UBI, les noms de villes et de petites îles occupées par des villes homonymes : LAVINII, DELI, ROMAE REGNARE QUADRATAE, COLONIAE AGRIPPINAE (*Codex Theodosianus*, IV, 10, 1). Certains auteurs ont parfois élargi l'emploi du locatif au-delà des limites prescrites par la grammaire. Au Ve siècle Sidoine Apollinaire s'en est servi en parlant de ses propriétés : « AVITACI sumus ; nomen hoc praedio... »; « si VOROCINGI (hoc uni praedio nomen) eramus... si PRUSIANI (sic fundus alter nuncupabatur)... » (*Epistolae*, II, 2, 3, et 9, 7). Si l'on considère que beaucoup de nos villes et de nos villages ont gardé le nom de propriétés romaines, cet emploi du locatif peut se justifier aussi bien par l'histoire que par l'analogie grammaticale.

A travers les siècles de la décadence et jusque dans la plus basse latinité l'usage, de plus en plus restreint et de plus en plus incorrect, du locatif s'est perpétué dans la langue écrite. On a observé qu'en général saint Jérôme fait précéder les noms de villes grecques et orientales de la préposition IN, mais qu'il met au locatif ceux des villes d'Italie. Or, plusieurs de ces villes ont

gardé leur nom antique sous la forme du locatif[1] :
TIBUR *Tivoli*, déjà mentionné ; AGRIGENTUM *Girgenti*, ARIMINUM *Rimini*, ASCULUM *Ascoli*, CINGULUM *Cingoli*, DREPANUM *Trapani*, OCRICULUM *Otricoli* ; SPOLETUM, officiellement *Spoleto*, mais *Spoleti* ou *Spuleti* dans le langage des charretiers et des marchands qui circulent entre la Toscane et l'Ombrie ; AESIUM *Iesi*, ALATRIUM *Alatri*, ASSISIUM *Assisi*, BARIUM *Bari*, BRINDISIUM *Brindisi*, CLUSIUM *Chiusi*, COMPLUVIUM *Compiobbi*, SUTRIUM *Sutri* ; FLORENTIA *Firenze*. Dans *Napoli*, comme dans *Costantinopoli*, l'*i* était en même temps la désinence du locatif et celle de l'ablatif.

On a prétendu que les formes en -*i* de noms en -IUM ne seraient pas des locatifs, mais proviendraient du nominatif-accusatif par le changement de -*io* en -*i*. C'est une hypothèse toute gratuite, en contradiction flagrante avec des données certaines de la phonétique italienne et avec le simple bon sens, qui nous déconseille d'attribuer une autre origine à l'*i* de *Bari* ou *Brindisi* qu'à celui de *Rimini* ou à l'*e* de *Firenze*. Sans la connaissance exacte des conditions dialectales, il est malaisé d'expliquer la désinence en -*i* de plusieurs noms de villes terminés en latin par -A ou -IA : ASTA *Asti*, CORA *Cori*, LUNA *Luni*, ANAGNIA *Anagni*, ATRIA

---

1. Pour les noms de lieu italiens à désinence casuelle, et spécialement ceux de la Toscane, je renvoie une fois pour toutes à l'important mémoire de B. Bianchi, *La Declinazione nella toponimia toscana*, publié aux tomes IX et X de l'*Archivio Glottologico Italiano*, et à la *Toponomastica delle valli del Serchio e della Lima* de S. Pieri, qui forme le cinquième des *Supplementi periodici* au même *Archivio*.

Atri, Narnia *Narni*, Signia *Segni*. Peut-être y a-t-il eu substitution d'un *i* à l'*e* des locatifs de la 1re déclinaison, par analogie des mots qui hésitent entre un pluriel en -*e* et un pluriel en -*i* ? On dit vulgairement *Fiesoli*, *Figghini*[1] au lieu de *Fiesole* (Faesulae), *Figline*, et communément *Velletri* pour l'antique Velitrae. Hors d'Italie, l'absence d'une voyelle correspondante à l'u ou à l'a final du latin me fait soupçonner un locatif dans *Medellín* en Estrémadure, le Metellinum romain, et le révèle dans plusieurs noms de villes françaises jadis fléchis suivant le paradigme de la première déclinaison : *Bordel* (nominatif *Bordeus*), forme méridionale du nom de Bordeaux ; *Albi* (Tarn), *Chabris* (Cher) *Salbris* (Loir-et-Cher), *Uzès* (Gard)[2] ; *Apt* (Vaucluse), dialectal *At* (Apta Iulia); *Cos* (Tarn-et-Garonne), la Cosa des itinéraires romains.

L'ablatif, le cas adverbial par excellence, accompagné ou non d'une préposition, est extrêmement fréquent dans les noms de lieu, puisqu'il répond aux questions unde et qua et très souvent à la question ubi. On le rencontre à chaque instant dans les itinéraires et sur la célèbre carte routière connue sous le nom de *Table de Peutinger*. Le témoignage de Consentius et plusieurs inscriptions nous ont montré ses empiétements sur les autres cas. Néanmoins, parmi les noms de lieu modernes, il n'y en a pas un aussi grand nombre d'exemples qu'on pourrait s'y attendre. La désinence

---

1. Fr. d'Ovidio, dans l'*Archivio Glottologico*, IX, p. 90.
2. P. Skok, dans la *Romania*, L, p. 202 et 204.

-IBUS a dû tomber de très bonne heure en désuétude. Le TURRIBUS du grammairien s'appelle aujourd'hui *Porto Torres* (c'est le port de Sassari), et KARALIBUS ne se retrouve plus dans *Cagliari*. Mais des chartes italiennes du ixe siècle nomment encore *Vallibus*, *Valivu* ou *Valivo* une localité qu'on a identifiée avec *Vallico* dans la Garfagnana[1]. Longnon a reconnu dans *Tourves* (Var) un autre TURRIBUS et dans *Fismes* (Marne) FINIBUS. Du point de vue de la phonétique on a contesté cette étymologie[2] ; mais, comme il n'existe, à ma connaissance, aucun mot français de structure identique, je crois tout de même qu'on peut s'y ranger.

Le « monoptote » *Sulcis* de Consentius est encore usité en Sardaigne pour dénommer la contrée déserte où se trouvent les ruines de l'ancienne SULCI. Sur les inscriptions et dans les itinéraires les noms de villes d'eaux (AQUAE) sont tantôt à l'accusatif avec AD tantôt à l'ablatif sans préposition. Le pluriel italien en -*i* et l'ablatif latin se prêteraient tous deux à l'explication d'*Acqui*, en Piémont (AQUAE STATIELLORUM) et dans la province de Lucques. Mais l'ablatif s'affirme dans les formes catalanes *Nas*, *Das*, *Sas* et *Sax*[3], gallo-romanes *Aix*, *Ax* et *Dax*, enfin dans *Chaves* en Portugal (AQUIS FLAVIS). La perte des voyelles finales latines le décèle également dans *Fos* (Bouches-du-Rhône), le FOSSIS MARIANIS des itinéraires, dans *Flins* (Seine-et-Oise) et *Filain* (Aisne et Haute-Saône), répliques d'un

---

1. Pieri, p. 169.
2. Longnon, p. 474, n° 2255, p. 109, n° 447, et Dauzat, p. 131, n. 1.
3. *Butlletí de Dialectologia catalana*, X, p. 18.

FIGULINIS de la Table de Peutinger[1] ; dans *Fontans* (Alpes-Maritimes et Lozère), *Fontains* (Doubs, Seine-et-Marne), sans parler d'autres cas plus douteux.

Dans les Gaules des noms de peuples indigènes constitués en cités sous l'Empire ont souvent été substitués à ceux de leurs chefs-lieux : PARISII à LUTETIA, REMI (Reims) à DUROCORTORUM, ANDECAVI (Angers) à IULIOMAGUS, PICTAVI (Poitiers) à LEMONUM, TAURINI (Turin) à AUGUSTA TAURINORUM. La forme plurielle *Bordeaux*, qui apparaît au XIIe siècle en français, n'est sans doute pas autre chose que le nom des habitants de l'antique BURDIGALA, les BURDIGALI. Selon la règle grammaticale, ces noms ethniques s'accompagnaient des prépositions AD ou IN : IN MELDIS, IN MORINOS, AD VENETOS (César). Mais, employés en guise de noms de villes, on les trouve quelquefois à l'ablatif sans préposition : ARVERNIS chez Pline l'Ancien (*Naturalis Historia*, XXXIV, 7), TREVIRIS dans le *Codex Theodosianus* (VI, 35, 1), TAURINIS (CIL, XI, 3281-4), AMBIANIS (Amiens), CATURRIGIS (Chorges), DUCORASSIS (Dreux), TRICASIS (Troies) dans les itinéraires. Les trois derniers ont des nominatifs en -ES ; mais, sauf dans EQUESTRIBUS (Nyon), la désinence -IS a pris dans les itinéraires la place de -IBUS. Or, les pluriels *Angers* et *Poitiers*, si on y applique les critères phonétiques, témoignent par leur discordance avec les singuliers *Anjou* (ANDECAVUM) et *Poitou* (PICTAVUM) qu'ils ne sont pas issus d'accusatifs en -os. Comme

---

1. Longnon, p. 139, n° 550, et p. 151, n° 577.

l'a très bien démontré M. Dauzat[1], ce doivent être des ablatifs ; et cette conclusion peut, en bonne logique, être étendue à tous les noms de villes de France identiques à ceux de leurs anciens ressortissants indigènes. Par là je me trouve fortifié dans mon opinion, déjà ancienne, que l'ablatif a sans doute concouru à la désinence —*i* des noms pluriels de quelques antiques localités d'Italie : *Pozzuoli* (PUTEOLI), *Pompei, Fondi* (FUNDI), *Santa Maria di Fallèri* (FALERII), *Piano de' Voci* (VULCI), *Velletri, Fiesoli, Figghini* (p. 58).

On pourrait aller plus loin et se demander si beaucoup d'autres ablatifs ne sont pas cachés à nos regards par la confusion ou l'amuissement des désinences casuelles. Mais l'accusatif singulier de la 2e déclinaison latine se laisse très bien distinguer de l'ablatif dans plusieurs dialectes où les voyelles *u* et *o*, ailleurs confondues, sont restées distinctes en syllabe finale ou bien ont influencé diversement la voyelle accentuée. Ainsi le nom d'une fraction de la commune d'Aquila (Abruzzes) ne s'offrirait pas, dans les anciennes chroniques rimées, sous les formes *Popplito* (avec le dérivé *Poppletani*) ou *Plopito*, aujourd'hui *Coppito*[2], si l'$\bar{\text{E}}$ du latin POPULETUM n'avait été mué en *i* par un ancien *u* final. A Pitigliano, dans la province de Grosseto, quoique l'influence de l'*o* toscan s'y fasse déjà sentir sur les mots en -*u*, on distingue toujours *ǫmó* et *dịkò*,

---

1. *Les Noms de Lieux*, p. 131.
2. Muratori, *Antiquitates Italicae medii aevi*, VI, col. 529, 613 (strophe 561), 634 (str. 722), 711 (str. 3).

grǫssu, *kǫrpu* et *pitiḷǟnu*[1]. Comme ce nom de *Pitigliano* est dérivé par le suffixe -ANUS de l'un des gentilices PETILIUS ou PETINIUS, nous constatons ici que les noms de propriétés romaines dérivés de ceux des propriétaires n'ont pas été transmis à la postérité sans la forme de l'ablatif. Les désinences françaises en *-ay*, *-ey*, *-é*, *-y*, correspondantes à des noms gallo-romains en -ACUS, ne sauraient donc être expliquées, comme on l'a tenté à plusieurs reprises, par l'ablatif en -ACO.

Ni le génitif ni le datif ne servaient en latin à marquer des rapports de lieu. Mais, dans beaucoup de noms de lieu composés, l'élément déterminant apparaît, en roumain, sous la forme usuelle du génitif-datif ou, dans les langues romanes occidentales, sous une forme correspondante au génitif ou au datif latins. Le nom du *Chablais* nous a transmis le génitif LACI. Des noms de rivières au génitif se laissent très bien reconnaître dans *Pontoise* (PONTEM ISARAE), *Pontoux* (DUBIS), *Escaupont* (SCALDIS) ; *Fontsommes* (FONTEM SUMINAE), *Fouvent* (FONTEM VANNAE) ; *Chef-Boutonne* (CAPUT VULTUMNAE), *Capdrot* et *Caudrot* (CAPUT DROTI) ; *Vienne-la-Ville* (VICUS AXONAE) sur l'Aisne, *Visseiche* sur la Seiche (SIPIA), *Blévy* sur la Blaise (BLESA), *Meuvy* sur la Meuse[2] ; *Fondotoce* (en patois

---

1. Ces formes m'ont été obligeamment communiquées par M. Jud, d'après les données encore inédites fournies par le *Sprach-* und *Sachatlas Italiens und der Südschweiz* qu'il publie avec M. Jaberg et dont le premier volume a paru à la fin de 1928. Pitigliano occupe sur les cartes de cet atlas le point 582.

2. Longnon, p. 124 et 169-171, nᵒˢ 700-4, 706 et 707.

funtós), à l'embouchure de la Toce (*la tós*) dans le lac Majeur. Mais les conditions phonétiques ne permettent pas d'interpréter de la même façon les noms de *Vallorbes*, *Vibraye*, *Fontvannes*, *Bouchemaine*, *Brissarthe*, *Puente-Genil* et d'autres sur lesquels je reviendrai dans la prochaine leçon, en traitant des composés.

Des noms de dieux ou de saints au génitif sont demeurés à plusieurs localités jadis ou encore aujourd'hui vouées à leur culte : *Mont-Joux* (le Saint-Bernard) et *Fanjaux* (FANUM IOVIS), dans l'Aude, en patois *fõdjqus*[1] ; *Camarte* (CAMPUS MARTIS) ou *Camarzo* (CAMPUS MARTIUS), *Famars* et *Templemars* (Nord) ; *Porto Venere* et *Port-Vendres* ; *Port'Ercole* (HERCULIS) ; *Monte Sante Marie*[2], *Monte Vergine*. Le mont San Quirico, dans la province de Lucques, s'appelle vulgairement *Monsaquilici*. En latin les mots AEDES et TEMPLUM pouvaient être omis après la préposition AD, plus rarement après AB et PROPTER : AD APOLLINIS, AD MARTIS, AD VENERIS ; mais on pouvait aussi bien se servir de AD avec l'accusatif du nom divin. Cette construction est la plus généralement usitée dans les langues romanes avec les vocables de saints. Seule, l'Espagne a conservé quelques spécimens chrétiens de l'autre usage, dans lesquels un ancien I est normalement changé en *e* ou amuï : *Sahelices* (FELICIS), *Santiuste* (IUSTI), *Sanquirce* (QUIRICI), *Santurce* (GEORGII), *Sahagún* (FACUNDI), *Santander*, auparavant *Santemder*

---

1. J. Gilliéron et P. Edmont, *Atlas Linguistique de la France*, carte 1, point 773.

2. *Archivio Glottologico*, IX, p. 436, n° 28.

(EMETERI)[1]; *São Torquato*, en Portugal, vulgairement *São Torcade* ou *Trocade* [2].

Les noms de lieu formés d'un appellatif et d'un nom de personne au génitif sont rares en latin. Quelques-uns ont survécu à beaucoup de ruines romaines : FORUM LIVII *Forlì*, FORUM POPILII *Forlimpòpoli*, FORUM SEMPRONII *Fossombrone*, avec un *e* dialectal, FORUM CASSII *Santa Maria di Forcassi*. Des noms de personnes chrétiens ou germaniques apparaissent avec la désinence du génitif dans des noms de lieu formés en Italie au moyen âge, jusqu'au XIIe, jusqu'au XIIIe siècle même : *Monsagrati*, en 907 *Mostesagradi*, en 766 *monasterio quod dicitur Sicheradi* ; *Camporimbaldi*, *Bonistallo*, *Montebuoni*, château des Buondelmonti, *Monte Domenichi*, *Camaldoli*, *Poggibonsi* et beaucoup d'autres. Personne ne supposera que le génitif se soit perpétué si tard dans la langue parlée : il était éteint avant qu'on eût commencé à écrire en italien. De même que les noms patronymiques *Alighieri, Boccacci, Latini, Firidolfi,* ces noms de lieu sont imités du latin officiel en usage dans les actes publics et privés.

On a signalé en Portugal et en Galice l'existence de beaucoup de noms de lieu formés d'un nom d'homme chrétien ou germanique au génitif, rapporté à un appellatif sous-entendu, comme dans la construction anglaise

---

1. J. Jungfer, *Ueber Personennamen in den Ortsnamen Spaniens und Portugals* (Wissenschaftliche Beilage zum Jahresbericht des Friedrichs-Gymnasiums zu Berlin, Ostern 1902), p. 12, et Menéndez Pidal, *Manual*, p. 172.

2. J. Leite de Vasconcellos, dans *Homenaje ofrecido á Menéndez Pidal* (Madrid, 1925), I, p. 608.

at my aunt's[1]. Par exemple : *Chorence* (FLORENTII), *Jazente* (HYACINTHI), *Lourentim* (LAURENTINI), *Lucriz* (LUCRETII), *Paderne* (PATERNI); *Agilde* (*Aalgidi* 1258, de ANAGILDUS); *Ariz* (*Alariz* et *-ici* 1046-50); *Cartemil* (*Cartamiri* 1054); *Jesufrei* (*Segefredi* 1057); *Recarei* (*Reccaredi* 1006); *Savariz* (*Savarizi* 1059); *Tágilde* (*Atanagildi* 1059). Ce type, inusité dans le latin antérieur, est peut-être apparu sous la domination des Suèves et des Wisigoths. En Castille, *Torre Padierne* et *Castrojériz* (au ixe siècle *Castrum Sigerici*)[2] offrent des exemples rares du génitif associé à un appellatif, comme dans l'autre péninsule.

Enfin, quelques noms de lieu de France et d'Italie nous présentent des appellatifs de personnes ou des noms de peuples barbares sous la forme du génitif pluriel : *Montmartre* (MARTYRUM), *Boddo* (ou *Boddi*), auparavant *Fraboddo*, en 991 *Fabroro*, et *Confavreux* (CURTEM FABRORUM) ; *Francou*[3], *Franconville* (au xiiie siècle *Francorville*), *Confracour* ; *Goudourville* et *Morguedou* (MORTEM GOTHORUM), *Bretenoux* (*Villa Bretonorum* 866) et *la Berthenoux*[4] ; *Salmour* (*SARMATORUM) en Piémont[5].

Dans des inscriptions tardives et dans les textes de la basse latinité, nous voyons, comme dans l'allemand

---

1. J. J. Nunes, *O Elemento germânico no onomástico português*, ib., II, p. 577 ss.
2. Jungfer, p. 17-18.
3. Skok, dans la *Zeitschrift für romanische Philologie*, XXXIV, p. 614.
4. Longnon, p. 133-4, n°s 536 et 537, et p. 136, n° 543.
5 G. D. Serra, dans les *Mélanges d'histoire générale*, publiés par l'Université de Cluj (1927), p. 282, n. 3.

des gens sans éducation qui disent *meinem vater sein haus*, le datif assumer quelquefois l'emploi du génitif des noms de personnes. A cet usage vulgaire correspond, en français, en italien, même en roumain, celui de la préposition *a* au lieu de la préposition DE : « un fils à papa » ; *la Maison aux Moines* et *la Cour aux Chantres*, à Vevey ; les *Pierres à Niton*, à Genève ; *Colle Grufoli* ou *a Grufalo*[1], en Toscane.

La persistance du datif latin en roumain et son emploi vulgaire en guise de génitif rendent bien compte d'une particularité notable de la syntaxe gallo-romane et des noms de lieu de toute la Romania. En ancien français et dans la langue des troubadours, le cas régime des noms de personnes et des appellatifs de personnes, lorsque ceux-ci sont bien déterminés par leur sens ou par l'article, peut à lui seul, sans préposition, tenir lieu d'un génitif ou d'un datif latin ou roumain : *pro Deo amur, li filz le roi.* Une fois les voyelles finales amuïes ou confondues en gallo-roman et en réto-roman, il n'y avait plus, dans les mots de la 2e et de la 3e déclinaison, aucune différence entre le datif et l'accusatif. La prépondérance numérique des formes identiques sur les formes différentes devait conduire à étendre à la 1re déclinaison celle plus usitée de l'accusatif : *Dieu lo filh santa Maria* (Giraut de Borneil). Par l'abandon postérieur du nominatif médiéval tout vestige de flexion casuelle a disparu, et les composés sont désormais formés par la simple juxtaposition du

---

1. Pieri, p. 26.

déterminant au déterminé. En France et dans toute la Romania septentrionale une foule de noms de lieu nous offrent ce type avec une telle fréquence qu'il en paraît banal. Noms de villes et de villages : *Ermenonville* et *Villehardouin* ; *Goncourt* et *Courbetaux*, avec le *Ru-Bartaud* et le *Bois-Bertaud*[1] ; *Remiremont* et *Mont-béliard* ; *Bar-le-Duc, Bourg-Madame, Baigneux-les-Juifs, Villars-les-Moines* (Berne). Noms de rues, de places, d'édifices, de salles : *rue Saint-Jacques, rue Monsieur-le-Prince, place Maubert, l'Hôtel-Dieu, l'hôtel Carnavalet, l'amphithéâtre Richelieu*. Noms de terroirs : *Coudre Gauthier* (Grand'Combe, Doubs), *Joux Perret* (Chaux-de-Fonds, Neuchâtel), *Champ* et *Praz Babau* (Veytaux, Vaud), *Bouzérou* (Grône, Valais) ; *lèñ* (bois) et *pra Vidal, Passanflurin*, autrefois *Prasantflurin*, à Sent (Engadine)[2].

Cette construction est très rare dans les autres langues romanes, dont les plus anciens textes nous attestent déjà la réduction des six cas à une forme unique. Cependant, il ne manque pas en Espagne et en Italie de noms de lieu formés, comme en français, par la juxtaposition d'un nom de personne à un appellatif. Je note en Espagne : *Sent Johan Ses Abadesses*, ancien nom catalan de l'actuel *San Juan de las Abadesas*[3], *Ciudad Rodrigo* (*Civitatem Roderici* 1235), *Fuente San Estéban, Villagarcía, Villagonzalo, Vil-*

---

1. Longnon, p. 228, nº 931.

2. G. Pult, *Le parler de Sent* (Lausanne, 1897), p. 145.

3. A. Morel-Fatio, *Note sur l'article dérivé de* ipse *dans les dialectes cata-lans*, dans les *Mélanges Renier* (Paris, 1887), p. 12.

lamartin, Villamanrique, Torredonjimeno, Puente la Reina; en Italie : *Campo Sonaldo, Castel Gandolfo, Castiglione Messer Marino, Celle San Vito, Collagnolo, Pontelandolfo, Montelabbate, Monte San Savino, Monte Santa Maria*[1], *Monte Lupo* (1204), *Monte Carlo* (xive-xve siècle), *Montalfonso* (xvie siècle), *Orsanmichele* (Florence), *Castello Sant'Angelo*. Dans quelques exemplaires toscans on reconnaît bien nettement un ancien datif en -i, la désinence en -is du génitif étant changée en -e : *Monte Giovi, Monterchi* (HERCULI), *Monte Baroni, Stalloreggi*, nom d'une rue de Sienne en 1130, *Camporeggi, Careggi* (CASA REGI).

L'hésitation entre le procédé vulgaire de la juxtaposition et le génitif grammatical, dans *porta Sante Marie* ou *Santa Maria* (Florence)[2], *Monte Orioli* ou *Monte Riolo, Monte Orlandi* ou *Mont'Orlando*, confirme l'interprétation que j'ai proposée de l'emploi du génitif en Italie au moyen âge. Semblablement, à Genève, la rue qui débouche en face des Pierres *à* Niton est dénommée officiellement rue des Pierres *du* Niton. En italien, comme en français, la juxtaposition est demeurée en usage pour former de noms de personnes des noms de rues, de places, de villas, de palais : *palazzo Farnese, villa Medici, via Cavour, piazza Garibaldi*. Mais en castillan et en portugais la préposition *de* fait rarement défaut et la préposition *a* est tout à fait inusitée dans cet emploi.

---

1. *Archivio Glottologico*, IX, p. 435, n° 23.
2. Giovanni Villani, *Historie Universali* (Venezia, 1559), III, 2.

Dans le latin impérial, le bas latin et les langues romanes, les noms et les appellatifs de personnes appartenant à la 1re déclinaison ont été soumis à un paradigme concurrent en -A, -ANIS, auquel se sont joints les noms d'hommes gothiques du type *hana-hanan* et les noms de femmes franciques du type *zunga-zun gûn*. On reconnaît des génitifs en -ANIS dans *Gardiláns* en Catalogne, *Guimarães* et *Idães* en Portugal, au xe siècle *Vimaranes* et *Itilanes*[1]. Le romanche de la vallée du Rhin antérieur appelle *Nossa Dunna* Notre-Dame et *Nossadunaun* le pèlerinage d'Einsiedeln ou Notre-Dame des Ermites. Dans la région nordest de la France plusieurs noms de lieu sont formés de noms de femmes au cas régime en *-ain* ou *-ien* : *Jubainville* (Vosges), *Joinville* (Marne), *Bougainville* (Somme) ; *Comblanchien* (CURTIS BLANCANE)[2], dans la Côte-d'Or.

A partir du xe siècle des textes latins, plus tard des textes en langue vulgaire, enfin l'usage moderne nous montrent que beaucoup de noms de cours d'eau ont jadis été fléchis selon ce paradigme : 916 *fluvius Divane*, la Dive ; 1203 *deis Iseran en cei*, l'Isère ; 1295 *Ama[n]cien(s)*, l'Amance ; environ 1325, *So(n)nan*, la Saône. M. Antoine Thomas a dressé une liste de plus de cent rivières de France ou de localités riveraines dont les noms se terminent ou se terminaient jadis par

---

1. Meyer-Lübke, dans le *Butlletí de Dialectologia catalana*, XI, p. 13, et Nunes, p. 594-5 et 601.
2. Longnon, p. 230, n° 939.

les désinences *-ane(m)*, *-an*, *-ain*, *-ien* ou *-in*[1]. Depuis lors on en a découvert quelques autres en France et en Suisse[2]. Après l'abandon de l'ancienne déclinaison, ces noms ont ordinairement passé au genre masculin et les doublets avec ou sans *n* ont quelquefois servi à différencier des homonymes : l'Isère et le col d'*Iseran* ; la Lucelle et le hameau franco-suisse de Lucelle, en patois *yœslẽ*, autrefois *Lucelan* ; la Largue, en patois *la lèrdj*, et *le Largin* ; le village d'Alle (Berne) et la « rivière d'Alle », l'*Alleine* des cartes, autrefois l'*Allan*. La rivière suisse appelée au moyen âge *Tela* s'appelle aujourd'hui *Thièle* ou *Toile* à partir de sa jonction avec l'Orbe et *Talent* (en patois *talã*) en amont du confluent.

Les textes bas latins, depuis le VIIIe siècle, et la langue du moyen âge connaissent également un paradigme masculin en *-us*, *-onis* : PETRUS-PETRONIS, afr. *Hues-Huon*, *Charles-Charlon*. La forme usuelle et la forme en *-on* du nom de saint Brice s'opposent dans ceux des villages jurassiens de *Saint-Brais* (Berne) et *Dombresson* (Neuchâtel). Un petit cours d'eau du département du Var, le Bresc ou la Bresque, est mentionné au XIe siècle sous la forme latine *Brisci* et la forme romane *Brescon*[3]. Comme nous le verrons dans la prochaine leçon, une partie des noms de lieu français en *-on*, italiens en *-one*, relèvent probable-

---

1. *Les noms de rivières en* -AIN, dans les *Essais de Philologie française*, p. 30 ss ; auparavant dans la *Romania*, XXII, p. 488 ss.
2. *Romania*, LII, p. 169.
3. Philipon, *ib.*, XXXI, p. 250.

ment de ce paradigmc dans lequel sc confondent la 2e et la 3e déclinaisons latines.

En latin il y a des noms de lieu (c'est la plupart) qui sont du singulier et d'autres qui sont *pluralia tantum* : GEMONIAE, FAESULAE, EMPORIAE, PUTEOLI, POMPEI, ARVERNIS. Ceux dont la forme normale était le singulier pouvaient être mis au pluriel. Dans les langues romanes, seuls les noms accompagnés de l'article pluriel sont *pluralia tantum* : *les Aliscans, les Alpes, les Vosges*. Les pluriels étymologiques, comme *Fiesole, Pozzuoli, Reims, Empurias, Buenos-Aires, Deux-Ponts, Iaşi, Bucureşti*, sont accordés au singulier : *vechiul Bucureşti* et même, quelquefois, *vechiul Bucureştiu*. Cependant, au génitif-datif roumain, la forme plurielle *Bucureştilor* est plus correcte que le récent *Bucureştului* [1]. Pour faire passer au pluriel un nom de lieu roman, il y faut adjoindre un déterminatif de la pluralité, l'article ou un nom de nombre : *les Andelys, les Allinges, due Rome* (Arioste), *las dos Esperias* (Herrera).

En latin les noms de lieu peuvent être masculins (TICINUS, rivière), féminins (ROMA) ou neutres (TICINUM, Pavie, ELAVER, l'Allier). Les langues romanes n'ont plus de neutres. Comme en latin, le genre se règle tantôt sur la désinence tantôt sur la catégorie géographique et n'est pas toujours assuré, beaucoup de

---

1. Je dois à mon ami M. Adrien Taverney, ancien professeur à la Faculté des Lettres de Lausanne, la connaissance de ces particularités de la langue parlée aujourd'hui en Roumanie et maint autre renseignement sur les noms de lieu de ce pays, où il a vécu longtemps.

termes géographiques n'étant jamais ou n'étant que rarement accordés. La désinence en -A des pluriels neutres, devenue caractéristique en italien des pluriels collectifs, se reconnaît dans les noms des deux églises toscanes de Santa Maria et Sant'Ansano *a Dofana* (Castelnuovo Berardenga, province de Sienne) et dans celui de *Castilla* (CASTELLA, « les châteaux »). Certains pluriels étymologiques ou analogiques en -A sont devenus de bonne heure des féminins singuliers. Dès le IIIe siècle l'*Appendix Probi*[1] blâmait VICO CASTRAE pour CASTRORUM. Mais nul ne s'offusque plus aujourd'hui de ce solécisme dans les noms de *la Châtre*, de *la Praz* ou *la Proz*, de *la Muraz* ou *la Mûre*, de *la Cloître* (CLAUSTRA)[2]. Par une métamorphose semblable le suffixe -ETUM de FRAXINETUM, SALICETUM, PINETUM s'est dédoublé en un suffixe masculin et un suffixe féminin, dans *Pineta* (Italie), *Fregeneda* (Espagne), *Noréaz* (Vaud), *la Pommeraie*, *la Saussaie*.

L'une des innovations les plus caractéristiques par où les langues romanes se distinguent du latin est l'emploi de l'article défini, dont les premiers exemples datent du VIe siècle. Plus on remonte le cours des temps, plus cet emploi est restreint, notamment dans les noms de lieu. Ceux de pays, de montagnes, de masses et de cours d'eau s'en sont longtemps passés et s'en passent

---

1. Édition Heraeus, dans l'*Archiv für lat. Lexikographie*, XI, p. 321, n° 136.

2. Ancien nom du quartier du Cloître, à Aigle (Vaud), en patois *la şétr*, et d'un lavoir adossé au mur de l'abbaye de Saint-Maurice (Valais), vulgairement *la klétr*.

encore aujourd'hui sous certaines conditions, par exemple dans les formules d'acclamation : *Viva España! Evviva Italia ! Vivo Prouvenço ! Vive Allemagne* (*Hernani*, v. 162)! Il fait souvent défaut après les prépositions : *en Méditerranée, le Collège de France,* « des châteaux *en Espagne* », *la rue de Seine, Bar-sur-Aube, Saint-Julien-en-Genevois, Pontareuse* sur la Reuse (Neuchâtel), *Pontassieve* sur le Sieve (Italie). Les noms de villes, de villages, de terroirs que nous avons hérités de l'antiquité romaine ou empruntés aux langues germaniques, ceux qu'on a formés de vocables de saints ou d'autres noms de personnes, même beaucoup d'anciens appellatifs ne s'accompagnent pas ordinairement de l'article. Mais, en essayant de formuler des règles générales, on se heurte à beaucoup d'exceptions ou à des préférences dialectales. Des localités homonymes s'appellent *Chêne* et *le Chêne, Pomy* (Vaud) et *le Pommier, Ischia* et *Lille, Villeneuve* et *la Villeneuve, en Combe* et *à la Combe, en Condemine* et *à la Condemine.*

L'absence d'article caractérise un type plus archaïque, sa présence un type plus moderne ; mais il ne s'en suit nullement qu'un nom flanqué de l'article doive être plus récent qu'un nom sans article. La signification originelle et le mode de formation des noms, les vicissitudes de l'histoire locale, qui peuvent les faire passer d'une catégorie géographique dans une autre, sont à prendre en considération dans chaque cas particulier. En Suisse j'en connais deux qui ont récemment perdu leur article. L'affluence des touristes dans la station alpestre d'*Arolla* a relégué dans l'ombre la forme patoise *l'arola*. Depuis que le village neuchâtelois de *la* Chaux-de-Fonds s'est élevé au rang d'une importante ville industrielle, on ne dit plus dans toute la région d'alentour que *Chaux-de-Fonds*. Par contre, l'article a fait intrusion dans des noms qui ne le comportaient pas, soit pour marquer une pluralité de lieux, soit par confusion de syllabes identiques : *Auboranges* (Fribourg) se dénomme en patois *lu bòrēdzè* (ou *bòrēdzu*) ; *le Tretien*, hameau valaisan séparé du chef-lieu de la commune par un affluent du Trient, s'appelait il y a deux siècles *Ultratrien* (1732).

Dans certains noms de lieu composés, l'article, rapporté à un terme exprimé ou sous-entendu, précède un nom ou un appellatif de personne qui en dépend, conformément à un mode de construction qui est déjà très rare en ancien français, mais qui s'est perpétué en castillan et en portugais : *A dos Cunhados, A dos Ferreiros, A dos Francos, A dos Negros*, en Portugal ; *la Berthenoux* (p. 65), *Villeneuve-la-Guyard* (Yonne), *Montfort-l'Amaury* (Seine-et-Oise), *Nogent-le-Rotrou* (Eure-et-Loir), *Vitry-le-François* (Marne). Quelquefois un nom de personne ou un nom de lieu est régi par un article ou un pronom démonstratif neutre qui désigne la propriété : *son Gil, son March, son Muntaner* ou, en termes généraux, *son N, so den N, so del N*, en Catalogne et à Majorque[1] ; *Cen de Bergoz*, à Blonay (Vaud),

---

1. Morel-Fatio, dans les *Mélanges Renier*, p. 11 et 14 : *n* (dans *so n* et *de n*) est une forme accourcie de DOMINUM, correspondante au *don* castillan.

Cen de Liddes, à Fully (Valais)[1]. Peut-être les noms d'hommes qui sont exceptionnellement précédés de l'article masculin dans leur emploi comme noms de lieu étaient-ils originairement construits de la même façon, c'est-à-dire régis, non déterminés, par leur article : *le Thébert* (Fay, Sarthe) ; *au Valan, au Valentin* (Saint-Jean, Valais) ; *ū wardǫu* (Vissoie, Valais) ; *au Dobert* (Ayer, Valais) ; *au David Favre* (Éplatures, Neuchâtel).

En latin classique l'usage des prépositions était limité par la faculté de marquer au moyen des seules désinences casuelles la situation, le point de départ ou d'arrivée, le lieu de passage. Dans les langues romanes on ne saurait plus s'en passer : il est rare que nous les omettions, en disant, par exemple, qu'un tel habite « rue de Tournon » ou que nous avons un rendez-vous « place Saint-Michel ». D'un temps ou d'un pays à un autre on observe des différences caractéristiques dans l'emploi des prépositions IN et AD, celle-ci affectée aux noms de villes ou bien à la question QUO, celle-là aux noms de pays ou bien à la question UBI. Les noms de terroirs exigent tantôt l'une tantôt l'autre, le plus souvent sans motif apparent, selon leur date ou leur signification première ou conformément à des préférences dialectales. Autant que j'en puis juger, notre moderne *dans* n'y a que rarement supplanté *en*. Dans les parlers grisons et valaisans, comme dans les dialectes de la Suisse alémanique et de la Souabe, le complément de

---

1. *Bergoz*, nom de famille ; *Liddes*, nom de commune.

lieu se fait ordinairement précéder d'un adverbe marquant la direction qu'a suivie la pensée pour localiser une présence, un état, une activité, ou pour accompagner le trajet d'un corps en mouvement : « cortinum... que nuncupatur *juso a vicum* » (858-865), dans une charte de Saint-Gall. Et parfois cet adverbe s'est agglutiné, avec la préposition, au nom de lieu suivant : *yin u sei* (« dedans au Sey »), pâturage de la commune de Mollens (Valais) ; en allemand *Nusey*[1].

Dois-je m'excuser de vous avoir retenus si longtemps sur des minuties grammaticales ? Si tel était votre sentiment, j'aurais failli à mon propos de vous montrer combien la connaissance précise de la langue est indispensable à l'interprétation des noms de lieu. Nous ne pouvons pas nous contenter d'un à peu près En identifiant *Bordeaux* et Burdigala, *Fréjus* et Forum Iulii, *Poitiers* et les Pictavi, on n'a fait qu'amener à pied d'œuvre des matériaux bruts. La tâche n'est pas achevée, tant qu'on n'a pas rendu un compte exact de tout ce qui distingue le nom moderne de l'ancien.

---

1. *Festschrift Louis Gauchat* (Aarau, 1926), p. 79 sr.

IV

Beaucoup de noms de lieu ne sont pas autre chose que des mots du langage ordinaire, détournés de leur emploi coutumier :

Par restriction ou spécialisation de sens : *Lille, Laval, la Maladetta ;*

Par substitution d'un terme générique à un nom propre antérieur : *Ischia* au lieu de Pithecusa ; *la Grande Eau* (affluent du Rhône, en Suisse), au lieu de *la Rionze ;*

Par la réduction de composés à un seul élément : *Feurs* (Loire), Forum Segusiavorum ; *Fano* (Italie), Fanum Fortunae ; *Mérida* (Espagne), Augusta Emerita ;

Par métonymie : lieux dits *Arolla* (p. 74), *les Biolles* (betullas), *Misère, Avantage*, en Suisse ;

Par métaphore : cours d'eau dénommés *Raspille* (Valais), diminutif de « râpe », *Segaccia, Segone* (Italie), dérivés de *sega*, « scie » ; sommets dénommés *Aiguille, Crête, Dent, Pigne* (allemand *kamm*), « peigne » ; *Ojos* (yeux) *de Guadiana*, sources de ce fleuve en Espagne.

D'autres noms de lieu sont des noms ou des surnoms de personnes, habitants, propriétaires, chefs ou patrons. D'autres enfin sont empruntés à d'autres lieux, proches ou lointains, pour des motifs d'ordre géographique

(*Sumène*, commune du Gard, sur la Sumène ; *Orbe*, ville suisse, sur l'Orbe), ou d'ordre sentimental, affection, souvenir, prestige, ou par l'effet d'associations d'idées quelquefois imprévues, comme le *Malakof* genevois dont j'ai parlé dans ma première leçon (p. 9).

Des mêmes éléments on dérive de nouveaux noms à l'aide de suffixes, ou bien l'on en forme des composés en combinant deux ou plusieurs mots qui concourent par leur assemblage à mieux caractériser le lieu dont il s'agit. Les mots ou les noms propres employés à former des noms de lieu peuvent être eux-mêmes des dérivés ou des composés : tels les adjectifs LUTOSA, RABIOSA dans les noms de rivières *Louze* (Haute-Marne) ou *Leuze* (Aisne et Belgique)[1] et *Rabiusa* (Grisons), le substantif FRAXINETUM dans *Frassineto* (Italie), *Frayssinet* (Lot), *Fresnay* et *Fresnoy*, ou bien encore les prototypes humains de *Dompierre, Saint-Denis, Fernán Caballero* (Espagne), *Longirod, En mère Gaudin* (Vaud). Il n'y a pas, à proprement parler, dérivation ou composition toponymique, si les éléments composants n'ont pas été associés à seule fin de dénommer un lieu. Aucun suffixe, aucun mode de composition ne paraît être exclusivement affecté à cet emploi.

Les divers procédés que j'ai énumérés sont communs à un grand nombre de langues. Mais dans chacune ils sont soumis à des règles d'usage précises qui sont propres à chaque état de langue. Il n'est pas licite, quand on essaie d'expliquer un nom, de supposer

---

1. Longnon, p. 165, n° 675.

qu'on ait procédé contrairement à ces habitudes, d'associer n'importe quel suffixe à n'importe quel radical, d'accoupler deux mots dans un composé de structure insolite. *Bovonne* (Vaud) dérivé de « bœuf », *Port-Valais* interprété comme « le port du Valais », *Chiavenna* (Italie) comme « la clef » (*chiave*) des Alpes, sont comparables à ces antiques mal restaurés qu'on voit dans certains musées vieillots et qui font sourire les archéologues, en leur montrant la tête d'un empereur sur le corps d'un athlète ou un Apollon métamorphosé en Bacchus ou en Pallas. Les noms de lieu, et pareillement les noms de personnes, qui ne peuvent être ramenés à aucun type connu, réduits sous aucune règle certaine, demeurent provisoirement inexplicables. Énumérer ces types, formuler ces règles exigerait de longs développements, dont je ne puis tracer aujourd'hui qu'une esquisse générale et trop sommaire à mon gré.

Les noms de lieu formés de noms de personnes méritent une attention particulière, parce qu'ils sont très fréquents et se laissent mieux dater que beaucoup d'autres. Le linguiste et l'historien y peuvent discerner des traits caractéristiques de l'onomastique romaine[1] et les innovations successives amenées par le christianisme, l'invasion des barbares, les changements de la mode au cours du moyen âge et des temps modernes. Je

---

1. Th. Mommsen, *Die römischen Eigennamen der republikanischen und augusteischen Zeit*, dans ses *Römische Forschungen*, I (Berlin, 1864), p. 1 ss.; W. Schulze, *Zur Geschichte lateinischer Eigennamen* (Berlin, 1904).

m'excuse de devoir rappeler brièvement des faits bien connus, afin que les termes dont j'aurai à me servir ne paraissent obscurs à personne.

Tandis que les autres peuples de l'antiquité, Orientaux, Grecs, Gaulois, Germains, ne faisaient usage que d'un seul nom, le citoyen romain, dans la règle, en portait au moins trois (C. IULIUS CAESAR), souvent quatre (P. CORNELIUS SCIPIO AFRICANUS), et même davantage : un prénom individuel ; un *nomen gentilicium*, commun à tous les membres de la *gens*, à leurs clients et à leurs affranchis ; un surnom familial, propre à chacune des familles dont se composait la *gens* ; enfin un ou plusieurs *agnomina* ou surnoms individuels. La plupart des gentilices, caractérisés par la désinence -IUS ou la désinence plus rare -ENUS, étaient des adjectifs marquant l'appartenance à une *gens*, la relation avec une *gens*, qu'il s'agît des personnes elles-mêmes, de leurs biens, de leurs actes ou de leurs œuvres : PRATA MUCIA, QUINCTIA ; PORTA, SILVA, NEMORA NAEVIA ; SALTUS MARCIUS ; LEX VALERIA, MANILIA ; MENSIS IULIUS ; VIA AEMILIA, CASSIA, FLAMINIA ; PONS AEMILIUS, AEMILIA MONUMENTA ; FORUM IULIUM, AQUAE SEXTIAE, FLAVIAE. Peu à peu, cependant, l'usage des gentilices comme adjectifs s'est restreint. Dès les derniers temps de la République apparaissent des adjectifs dérivés au moyen du suffixe -ANUS, qui serviront désormais à marquer les rapports auparavant exprimés par le gentilice lui-même : VILLA SELICIANA, HORTI CASSIANI (Cicéron), AEMILIANA PRAEDIA (Tacite), AGER FONTEIANUS (CIL, VI, 7803),

PER VIAM CASSIAM IN VILLAM CALVISIANAM (*ib.*, XI, 3003). Les noms de propriétés foncières, de *fundi*, mentionnés sur la *Table alimentaire* de Veleia (près de Plaisance), gravée en bronze sous le règne de Trajan (*ib.*, XI, p. 205-231) sont tous dérivés au moyen de suffixes[1] : F. AFRANIANUS, ANTONIANUS, CORNELIANUS, IULIANUS, MARIANUS, CARRUFANIANUS (aujourd'hui *la Garfagnana*) ; F. ARSUNIACUS, CAUDIACUS, ORBINIACUS, PISUNIACUS, QUINTIACUS, CABARDIACUS (aujourd'hui *Caverzago*)[2] ; au génitif ARELIASCI.

Une partie des gentilices sont dérivés de prénoms ou identiques à des prénoms. Mais, dans la règle, les prénoms, à la seule exception de celui d'APPIUS dont la *gens* CLAUDIA faisait un usage exclusif, ne formaient pas d'autres dérivés et ne pouvaient être employés comme adjectifs. De date plus récente et moins rigoureusement fixés que les gentilices, les surnoms, *cognomina* héréditaires ou *agnomina* viagers, ont refusé longtemps de se prêter aux mêmes emplois. Les uns (CAECUS, FLACCUS, AUGUSTUS) avaient une signification trop générale ; les autres (CAESAR, CICERO) étaient réfractaires à la flexion adjective. Mais sous l'Empire les rares dérivés du type FAMILIA CATONIANA, ORATIO METELLINA (Cicéron) vont se multipliant, et les surnoms en -US, tout d'abord ceux des empereurs,

---

1. H. d'Arbois de Jubainville, *Les Origines de la propriété foncière et des noms de lieux habités en France* (Paris, 1890), p. 127 ss.

2. G. Flechia, *Di alcune forme de' nomi locali dell' Italia superiore*, dans les *Memorie* de l'Académie des Sciences de Turin, série II, t. XXVII, p. 278-9 et 300.

entrent en concurrence avec les adjectifs gentilices : MENSIS AUGUSTUS, COLONIA AUGUSTA, DOMUS AUGUSTA, AUGUSTANA, AUGUSTIANA (CIL, VI, 8640 ss.) ; AGRIPPIANA SAEPTA, COLONIA IULIA AGRIPPINA ; VIA DOMITIANA, FORUM TRAIANUM, ATHENAE HADRIANAE.

Peu à peu la distinction entre prénoms, gentilices et surnoms s'est effacée. A mesure qu'on descend le cours des temps s'accuse, jusque dans les inscriptions officielles, la préférence pour un nom unique. Sous l'influence du christianisme en sont apparus de nouveaux, empruntés à la Bible ou à la chrétienté de langue grecque ou bien créés à l'usage des fidèles de langue latine. A partir de l'établissement des royaumes barbares, la vogue des noms germaniques et leur fréquence croissante du VIe au XIe siècle ont fait tomber dans l'oubli la plupart des noms antérieurs. Ces noms germaniques et les noms chrétiens revenus à la mode depuis le XIIe siècle sont la source principale de nos prénoms. De surnoms, qui servaient à distinguer les personnes homonymes et qui sont devenus héréditaires, dérivent nos noms de famille, qui n'ont été fixés qu'au début des temps modernes. Noms et surnoms, antiques ou modernes, se laissent reconnaître dans une foule de noms de lieu identiques à leurs modèles ou bien formés par dérivation ou par composition. Un petit nombre gardent le souvenir de personnages ou de familles historiques, fondateurs ou bienfaiteurs d'une localité[1]. Les Césars et les Augustes sont encore pré-

---

1. Longnon, p. 138 ss.

sents dans *Aosta*, *Augst* (Suisse), *Autun* (Augustodunum), *Zaragoza*, les Iulii dans *Fréjus* et *Friuli*,
les Aemilii dans *Emilia*, Gratien dans *Grenoble* (Gratianopolis), l'impératrice Hélène dans *Elne*, Fran-
çois Iᵉʳ dans *Vitry-le-François*. Mais le nom d'*Orléans*.
qu'on voudrait faire remonter à l'empereur Aurélien,
n'a nullement le caractère qui conviendrait à une fondation impériale. La plupart des éponymes de villes et
de villages sont de simples propriétaires fonciers ou
seigneurs terriens, et dans le nombre il n'y a qu'une
minorité de femmes.

Les propriétés romaines[1] étaient enregistrées au
cadastre sous un nom officiel qui était ordinairement
celui du premier possesseur. Pour former ces noms, le
gentilice ou plus tard le *cognomen*, s'il était suscep-
tible d'accord, ou bien un adjectif dérivé étaient accordés
en genre et en nombre avec un des appellatifs par
lesquels on désignait le domaine ou les bâtiments
d'habitation ou d'exploitation : fundus, ager, saltus,
praedium ou praedia, prata, silva, massa, villa,
plus tard cortis ou curtis, formes basses du classique
cohors, au sens de « cour ». Les appellatifs les plus
généraux n'étaient sans doute pas usités dans la
langue parlée ; car, sauf quelques exemples de cortis,
nous ne retrouvons dans l'usage médiéval et moderne,
en composition avec un nom de personne romain, que

---

1. Mommsen, *Die italische Bodentheilung und die Alimentartafeln*,
dans *Hermes*, XIX, p. 393 ss.; Éd. Beaudouin, *Les grands domaines dans
l'empire romain*, dans la *Nouvelle Revue historique de droit français et
étranger*, XXI et XXII.

ceux qui marquaient un aspect particulier de la localité, comme RIVUS dans *Rifologno* (FULLONIUS), COLLIS dans *Colle Marcio*[1], MONS dans *Haussimont* (Marne)[2], *Montmorency* (Seine-et-Oise) ou *Montmagny* (Vaud), HORTUS dans *Orsavinyá* (Catalogne)[3]. Les noms à désinence féminine (*Maillane, Gonzaga*) sont plus rares que ceux à désinence masculine, les pluriels que les singuliers. Le pluriel peut être résulté tôt ou tard de la réunion de plusieurs domaines ou du morcellement d'un seul. Dans les textes mérovingiens et carolingiens le mot VILLA est souvent joint à un nom de forme masculine : *Latiniaco, Masciacus, Prisciniacus* ; les noms d'anciennes propriétés romaines étaient dès lors fixées sous une forme invariable[4]. Mais déjà bien plus anciennement apparaissent des noms de circonscriptions territoriales ou de *fundi* uniquement formés d'un adjectif ethnique ou d'un gentilice : EX ARPINATI, IN POMPEIANUM, IN SOLONIO (Cicéron) ; et ces noms s'expliquent fort bien, sans aucun sous-entendu, en supposant que l'adjectif est un neutre substantivé.

Les noms de lieu identiques à des gentilices ou à des surnoms romains sont plus rares et plus difficilement reconnaissables que ceux qui en sont dérivés au moyen de suffixes. Pour ne pas répéter des exemples trop connus, je choisirai les miens de préférence hors

1. Pieri, p. 20 et 23.
2. *Halceius mons* 1032, *Alceius mons* 1130 (Longnon, *Dictionnaire topographique de la Marne*).
3. Meyer-Lübke, dans le *Butlletí de Dialectologia catalana*, XI, p. 29.
4. D'Arbois, p. 97.

de France : *Bex* (Vaud), de Baccius ou Battius ;
Chamouille (Aisne) et *Chamoille* (Valais), de Camulius ;
Chioggia et *Chiozza* (Italie), de Claudius ; *Pavia*,
de Papilius ; *Sierre* (Valais), en patois *xįrò*, de Sitrius :
les *Va(l)lières*, *Va(l)leyres* ou *Valère*, de Valerius ;
Laterano (Rome), *Constantine* (Algérie et Vaud), *Mon-
tano* et *Paderno* (Italie), *Montana* et *Salvan* (Valais),
des surnoms Lateranus, Constantinus, Montanus,
Paternus et Silvanus.

Dans le monde romain les noms de lieu composés
d'un nom de personne au génitif et d'un appellatif
sont, je l'ai déjà dit, très rares. En revanche, un nom
de propriétaire ou d'habitant (Pompei, Volsinii)[1]
pouvait très bien, sans être accordé comme adjectif,
servir à lui tout seul à dénommer, par métonymie, un
lieu habité ou une propriété. Je rappelle que, sous
l'Empire, des chefs-lieux de cités gallo-romaines ont pris
le nom de leurs ressortissants : Parisii, Pictavi, Remi,
Taurini. Plusieurs noms de localités habitées des pays
de langue française nous offrent une désinence *-on*
jointe au radical d'un gentilice, et l'on a identifié cette
désinence avec un suffixe celtique connu[2]. Mais des
noms en *-one* ou *-oni* se retrouvent dans plusieurs
régions de l'Italie qui n'ont pas été occupées par les
Gaulois : *Agnone* (Campobasso), *Ponzone* (Alexandrie),
Vaioni (Florence), *Torgnon* au val Tournanche (Aoste),
tous dérivés de gentilices ; *Morcone* (Bénévent), du

---

1. Schulze, p. 564.
2. J. Vendryes, dans les *Mémoires de la Société de Linguistique de Paris*,
XIII, p. 387.

cognomen MURCUS. Or *Ponzone*, *Cavaillon*, *Gaillon*, *Touillon*, *Valençon*, en France, *Vison* en Valais, sont identiques aux *cognomina* PONTIO, CABALLIO, GALLIO, TULLIO, VALENTIO, VITIO. Nous ne connaissons pas, à la vérité, de *cognomina* répondant à *Aubusson*, *Avignon*, *Brignon*, *Dijon*, *Luçon*, ni à la majorité des noms italiens en *-one*. Mais l'expérience nous enseigne que de maint nom de lieu on peut induire l'existence de noms de personnes perdus. La flexion tardive en -US, -ONIS satisfait mieux encore à l'explication des noms en *-on*, lorsqu'ils ne sont pas attestés antérieurement au VIIIe siècle.

Des noms de terroirs et de localités habitées sont formés par le même procédé de noms ou de surnoms usités au moyen âge ou dans les temps modernes : *Ambert* (Puy-de-Dôme),*Brémur* (Côte-d'Or), du nom de femme germanique BLISMODIS[1], *Dieulefit* (Drôme), *Albert* (Somme), *Carignan* (Ardennes), *les Frasserans*, hameau de Chamonix, *les Michauds* (Sainte-Orse, Dordogne) ; *Allaman*, *Longirod* (Vaud), *En mère Gaudin*, lieu dit à Bettens (Vaud), *Épiquerez* (Berne), du nom de famille Piquerez ; *Fuscaldo*, *Grimaldi*, *Mondolfo*, *Grammichele*, en Italie ; *Pimentel*, en Sardaigne, du nom d'une famille de grands d'Espagne ; *Guzmán*, *Diego Alvaro*, *Fernancaballero*, *Hernán Pérez*, *Muñogalindo*, *Ruiz Diau*, en Espagne. A Blonay (Vaud), les vignes de *la Gomorrhe* et de *la tòrka* perpétuent les

----

1. L. Berthoud et L. Matruchot, *Étude historique et étymologique des noms de lieux habités du département de la Côte-d'Or*, livre troisième (Semur-en-Aussois, 1915), p. 57.

sobriquets de trois vieillards connus[1]. Le 23 décembre 1043, l'évêque de Sion inféodait au chanoine marié Warnerius, à sa femme Helisana et à leurs héritiers la terre de Morcles et l'alpe de Martenod, dans les Alpes vaudoises : or, le nom d'un alpage de la même région, *Euzanne* en français, *œvặna* en patois, est une réplique exacte de celui d'*Helisana*[2]. Les noms roumains en -*eşti*, *Bucureşti, Filipeşti, Bălteşti*, sont des pluriels désignant des personnes descendantes ou dépendantes d'une certaine famille ou habitant une région caractérisée et dénommée par quelque fait naturel [3].

La désinence féminine que recevaient les gentilices et les *cognomina* en -us pour s'accorder avec les mots VILLA, MASSA, SILVA ou les pluriels neutres PRAEDIA, PASCUA, PRATA, exprimés ou sous-entendus, est restée en usage jusqu'à nos jours pour dériver, de noms, de surnoms ou de qualificatifs d'hommes, des noms de lieu aussi bien que des noms de femmes : *Saxonna* (Valais), *Bovonne* (Vaud), *Andolfa* (Aragon). La plupart des noms ainsi formés ont l'article, qui peut même tenir lieu de la désinence féminine : *la Sorbonne ; la Philiponaz*, (Fribourg), *la Roguine, la Meylande* (Vaud), *les Cropettes, la Boissière* (Genève), issus de noms de famille ; *la Bullatone,* de l'ethnique *Bullaton*, « habitant du village de Bullet » (Vaud) ; *la Crotue, la Marius* (p. 9). Par le même procédé on a dérivé de

---

1. L. Odin, *Glossaire*, p. 673 et 676.
2. *Bulletin du Glossaire des patois de la Suisse romande*, XIV, p. 38.
3. I. Iordan, *Rumänische Toponomastik* (Bonn, 1924 et 1926), p. 48-9, et A. Taverney.

noms de localités habitées ceux de plusieurs pâturages du Jura vaudois, *l'Arzière, les Begnines, la Givrine, la Grandsonne, la Trélasse, la Saint-Cergue*, et des noms de cours d'eau, *la Somme-Soude* de Sommesous (Marne), *l'Albenche* d'Albens (Savoie), *la Sionne* de Sion, *la Veveyse* de Vevey, *la Lutrive* de Lutry (Suisse). En Italie le nom de personne est quelquefois accordé avec un appellatif exprimé : *Ripaberarda, Roccabernarda, Roccaguglielma, Rocca Sinibalda, Rocca Grimalda*, fief des Grimaldi, *Rocca Guicciarda* ou *Ricciarda*, localité probablement dénommée d'après Guizzardo di Loro qui en fut seigneur au xiie siècle[1]. Il en est de même à Paris, dans les noms des rues *Mazarine, Vivienne* et *Cassette*[2].

De la dérivation féminine nous passons tout naturellement à la dérivation par suffixes, dont nous avons déjà rencontré maint exemple. Les noms de lieu des pays de langue romane sont formés tantôt au moyen de suffixes latins, comme -ICUS, -ANUS, -ALIS, -ARIS, -ARIUS, -ETUM, -ENSIS, tantôt au moyen de suffixes hérités des anciennes langues indigènes ou empruntés à des langues étrangères, notamment aux langues slaves en Roumanie. L'aire des suffixes celtiques, comme -ACUS, et ligures, -ASCUS, -OSCUS, -USCUS, -INCUS, nous aide à délimiter l'expansion de ces idiomes éteints. Chaque suffixe a, dans la langue toponymique comme dans la langue générale, sa fonction propre, plus étendue ou plus

---

1. *Archivio Glottologico*, X, p. 335.
2. Dauzat, p. 223.

restreinte suivant les pays et les temps. La plupart ont servi indifféremment à dériver les noms de lieu d'autres noms de lieu, de noms de personnes ou d'appellatifs. L'étude détaillée des suffixes offre un vif intérêt ; mais l'énumération sommaire, avec très peu d'exemples, en serait longue et fastidieuse. Je m'en tiendrai donc à quelques indications très générales.

En latin la dérivation par suffixes joue un grand rôle dans la formation des noms de propriétés foncières et de circonscriptions territoriales. A partir de l'époque barbare l'emploi de ce procédé s'est de plus en plus restreint par la préférence donnée aux noms composés. Le suffixe -ANUS est tombé en désuétude en même temps que la plupart des gentilices et des *cognomina* romains ; le suffixe -ACUS s'est combiné encore avec des noms germaniques, mais paraît être tombé en désuétude au VIIIe siècle. Au moyen âge et jusqu'au XVIe on a formé en pays gallo-roman des noms de lieu en *-aie* (-ETA), *-ière*, *-ie* et *-erie* dérivés de noms de personnes : *la Hamelinaie* et *la Hamelinière*[1], *l'Aubriais, la Séguinais*[2] ; *Allibaudières* (Aube) et *Bretonnières* (Vaud), encore sans article ; *la Guillotière*, à Lyon; *la Huguenotière*, cimetière de réformés à Juigné (Sarthe)[3] ; *la Robertie*[2], *la Gautrie*, *la Pagerie* (du nom de famille Lepage)[1], *la Borcarderie* (Valengin, Neuchâtel) ; *la Grande* et *la Petite Gavacherie*, enclaves

---

1. L. Beszard, *Étude sur l'origine des noms de lieux habités du Maine* (Paris, 1910), p. XVI-XVII et 223.
2. Longnon, *Les Noms de lieu*, p. 96.
3. B. de Castellane, *Comment j'ai découvert l'Amérique* (Paris, 1924), p. 72.

de langue française (ou *gabaï*) en pays gascon, peuplées vers 1525 par des *Gavaches* de l'Anjou, du Poitou et de la Saintonge. Le suffixe composé *-eria* se trouve aussi en Espagne, au moyen âge, dans les noms de *Judería* et *Morería* qui désignaient les quartiers juifs et musulmans des villes chrétiennes et les territoires occupés par les Maures. Mais aujourd'hui, si je ne me trompe, il n'y a plus guère que deux suffixes encore usités : le suffixe atone *-ia*, en italien et en espagnol, et son concurrent tardif, le suffixe accentué *-ía*, emprunté au grec et seul vivant en français. Tous deux ont servi et servent encore à dériver de noms de peuples des noms de pays : ITALIA, GALLIA, *France*, les *Romagnes*, castillan *Araucania* ; italien *Lombardia, Normandie, Turquie, Tchécoslovaquie, Yougoslavie, Bochie*. Les noms modernes d'*Australie, Océanie, Cisleithanie* et *Transleithanie*, dérivés de termes géographiques, d'*Algérie* et *Tunisie*, dérivés de noms de villes, de *Bolivie et Colombie* (castillan *Bolivia* et *Columbia*), dérivés de noms d'hommes, le récent *Soviétie*, montrent qu'en entrant dans le vocabulaire international de la géographie et de la politique ces suffixes ont élargi leur emploi au delà des limites assignées par une longue tradition.

Aussi longtemps que les suffixes sont demeurés en usage et que leur rôle dans la formation des noms de lieu a été compris, ils ont pu s'échanger les uns avec les autres et des formes sans suffixe alterner avec leurs dérivés, dans la langue écrite et peut-être aussi dans la langue parlée : *Draciaco* 885 (Dracy, Saint-Prex, Vaud) et *villa Draciana* 886 ; *Greysie* 1184 et *Gresin* 1220

(Grésin, Ain) ; *Osins* 1145 (Eysins, Vaud) et *Osinco* [vers 1002] ; *Brucins* [avant 1032] et *Bruzinges* en 1011 (Bursins, Vaud) ; Mogontiacum et Maguntia, aujourd'hui *Mayence*, allemand *Mainz*. Le nom de Payerne (Vaud) figure presque toujours sous la forme *Paterniacum* dans les chartes du moyen âge ; le très rare *Paternium* se continue dans l'usage moderne, et l'allemand *Peterlingen* représente peut-être une variante *Patern-incum. Semblablement le premier élément du composé gallo-romain Neriomagus, le gentilice Nerius, apparaît au génitif dans la mention Aquis Neri de la Table de Peutinger et s'accompagne d'un suffixe dans le moderne *Néris*, le *vicus Nereensis* de Grégoire de Tours. Ces formes accourcies des noms de lieu, quoique fort rares, sont comparables aux formes dites *hypocoristiques* des noms de personnes, d'un usage si fréquent dans toutes les langues.

Les noms de lieu comme Neriomagus, Augustodunum (Autun), Gratianopolis (Grenoble), composés d'un nom de personne romain et d'un appellatif grec ou gaulois, sont conformes au type indo-européen qui combinait des thèmes dont le dernier recevait les désinences de flexion. Les langues romanes, et déjà le latin dans aquae ductus, Aquis Neri, Forum Iulium ou Iulii, combinent des mots. La composition indo-européenne est un procédé morphologique, la composition romane un procédé syntaxique. La plupart des types de composition toponymique dont nous faisons usage encore aujourd'hui existaient déjà en latin. Je vais les passer brièvement en revue.

Il y a des noms de lieu, comme il y a des noms de personnes (*Quidort, Boileau*) et des mots du langage ordinaire (*le qu'en dira-t-on, un portefeuille*), qui sont formés d'une phrase brève, avec le verbe à l'indicatif, au subjonctif ou le plus souvent à l'impératif, presque toujours accompagné d'un substantif, sujet, régime ou vocatif : *Toutifaut, Quiquengrogne, Quincampoix* (*Cuiquenpoist* 1208) ; *Moquesouris, Bramafan, Videbourse, Perdtemps*; *Mirabeau, Miramar* (Italie), *Miraflores, Miragenil* sur le Genil (Espagne) ; *Chantemerle, Chanteraine, Chanteloup* ; *Brisicol* en 975 (dans le *Cartulaire de Notre-Dame de Lausanne*), *Brisecharrue, Buffalora*. Les exemples de ces composés à l'impératif sont innombrables : les plus anciens datent du viiie ou du ixe siècle.

D'autres noms sont formés, comme les composés *chou-fleur, point-virgule, ponts-et-chaussées*, par la coordination d'éléments dont chacun, séparément, désigne une partie du tout ainsi dénommé. Noms de communes constituées par la réunion de plusieurs communes auparavant indépendantes, ou bien subdivisées en fractions ou sections : *Clermont-Ferrand, Arc-et-Senans* (Doubs), *Fenin-Vilars-Saules* (Neuchâtel) ; *Pescarolo ed Uniti* (ce dernier terme embrassant deux communes supprimées), *Lampedusa e Lignosa* (deux îles), *Alzate con Linduno* (Italie). Noms de stations de chemin de fer desservant plusieurs localités : *Anizy-Pinon* (ligne Soissons-Laon), *Bons-Saint-Didier* (Haute-Savoie). Noms de départements français formés par métonymie de ceux de deux cours d'eau : *Seine-et-*

Oise, Lot-et-Garonne. Au val d'Anniviers (Valais), le nom de *Châteaupré,* en un seul mot, désigne l'ensemble des pâturages, exploités en commun, de *tsaşé* et *prā.* Sur la *Table alimentaire* de Veleia (CIL, XI, nº 1147) beaucoup de *fundi* sont désignés au singulier, plus rarement au pluriel, par les noms coordonnés de plusieurs domaines réunis entre les mains du même propriétaire : ITEM . FUNDUM MANLIANUM . STORACIANUM CALPURNIANUM ... quem PROFESSUS EST (I, 12-14) ; FUNDUM QUINTIACUM . AURELIANUM . COLLEM . MULETATEM . CUM SILVIS . qui est (I, 2) ; FUNDI . AURELIANUS . CŒLIANUS . qui s[unt] (VII, 49).

Ce mode de composition paraît exclusivement propre à la langue administrative. Cependant, on admet généralement qu'il y a des noms de cours d'eau ainsi formés par la combinaison de ceux de deux affluents : la Somme-Soude (Marne) tirerait son nom de la *Somme* et de la *Soude,* la Dordogne de la *Dore* et de la *Dogne,* la Midouze (Gers) du *Midour* ou *Midou* et de la *Douze,* la Gyronde, affluent de la Durance, du *Gyr* ou *Gy* et de l'*Onde* ou *Ronde,* le *Metàuro* (Italie) de la *Meta* et du *Tauro* ou *Auro.* Mais l'examen critique de plusieurs de ces noms démontre que les prétendus composés sont antérieurs aux composants et que ceux-ci en ont été extraits par un procédé de sectionnement dont l'artifice ressort de l'incertitude des résultats, aussi bien que des mentions antiques de la Dordogne sous les formes DORONONIA et DORNONIA[1]. Pareillement, le nom de l'*Isis*

1. Aug. Vincent, *Les noms de cours d'eau formés par découpage d'un nom de cours d'eau ou de lieu,* dans la *Revue de l'Université de Bruxelles,* 1927.

d'Oxford, dont on ne connaît pas d'exemple antérieur à la fin du XVIe siècle, semble avoir été extrait par Camden de la forme latine TAMESIS du nom de la Tamise ; et c'est probablement aux géographes bien plutôt qu'à la tradition locale que doivent être imputées la plupart des opérations du même genre.

Dans un troisième groupe de composés, comme dans les mots *pourboire, acompte,* italien *affresco,* un ou plusieurs noms de lieux ou de personnes sont régis par une préposition qui en est inséparable et peut ne former avec eux qu'un seul mot : *Sous la Ville, Derrière la Ville ; Soubey* et *Souboz* (Berne), *Trastevere* et *Lungo Tevere* (Rome), *Entre Douro e Minho* (Portugal), *Outraigue* (p. 19), *Épiquerez* (p. 86), *Vers chez les Blanc* (Lausanne) ; *Tressicordy,* auparavant *chez Cordier* (Lancy, Genève). A ce type se rattachent des noms comme *Somosierra* (Castille), *Sonvilla* et *Som-la-Proz* (Valais), *Mimont, Miéville, Milavy,* dans lesquels le premier élément des prépositions composées *ensom, emmi, ami* peut, à l'exemple des prépositions simples IN et AD, être détaché quand on nomme la localité.

Tous les autres composés, en latin et dans les langues romanes, sont formés de deux éléments, l'un déterminé et l'autre déterminant. On distingue, on particularise un élément commun à plusieurs noms, ou bien un nom fréquent, en y ajoutant soit une épithète, soit une indication de situation ou, comme on dit improprement, un « suffixe géographique », soit encore la mention d'une personne divine ou humaine, qui est le patron, le souverain, le possesseur ou l'habitant du lieu. De telles spécifications naissent parfois de l'occasion, comme le *Paris emprès Pontoise* de Villon, ne servent qu'à prévenir des méprises et ne sont pas fixées dans la nomenclature géographique. D'autres sont d'usage officiel, mais ignorées dans l'usage local. En Suisse Villars-Bozon, Villars-Bramard, Villars-Épeney, Villars-Lussery, Villars-Mendraz, Villars-Tiercelin, Villars-le-Grand (Vaud), même Épauvillers (Berne), sont indistinctement dénommés par les habitants et dans le voisinage *Villars* ou *Villers* sans aucune allonge.

L'élément déterminant est très souvent un adjectif, placé avant ou après le déterminé : Campus Martius, via Appia, in summo Poenino, Teanum Sidicinum, ad pirum tortum ; *Câmpulung* (Roumanie), *Santa Margherita Ligure* (Italie), *Neuchâtel* et *Châteauneuf*, *Neuville* et *Villeneuve*, *le Grand* et *le Petit Andelys* (p. 51), *Poliez-le-Grand* et *Poliez-Pittet* (Vaud) Quelquefois c'est un adverbe : *la Cité-Devant* et *la Cité-Derrière* (Lausanne), *Osio Sopra* et *Sotto* (Bergame). Le déterminatif peut être un nom propre en apposition : *le lac Léman, Monte Oliveto, Monte Rosa* (le mot dialectal *rosa* signifiant « glacier »), *Porto Torres*. Plus souvent un appellatif est joint en apposition à un nom de lieu : *Aix-la-Chapelle* et *Aix-les-Bains, Ax-les-Thermes, Coucy-le-Château, Joinville-le-Pont, Chêne-Bourg* (Genève), *Roiglise* (Somme), jadis *Rodium*[1]. De nos jours la réclame a propagé l'épithète *les Bains* à la

---

1. Longnon, p. 344, n° 1404.

plupart des stations thermales des pays de langue française, même à *Bains-les-Bains*. Enfin, le déterminant joint en apposition à un nom de lieu peut être lui-même un nom de lieu, quand il s'agit de distinguer chacun des quartiers d'une agglomération urbaine, de spécifier l'une des gares d'une ville qui en a plusieurs : *Paris-Passy, Lyon-Perrache, Genève-Cornavin*. On distingue de la même façon des localités homonymes en joignant à leur nom celui d'une partie de leur territoire : *Chêne-Bougeries* (Genève), *Bioley-Orjulaz, Villars-Épeney* (Vaud).

Dans les langues romanes le déterminant est très souvent relié au déterminé par une préposition marquant la possession, l'appartenance, la dépendance, l'attribution, la situation ou quelque autre particularité du lieu : *l'Ile-de-France, le boulevard des Italiens, Pontedera* sur l'Era, *Pontassieve* sur le Sieve, *Castellamare di Stabia* (dialectal *kastiẹḍḍ'a mmare*)[1], *la Vallée aux Loups, Fontenay-aux-Roses, Saint-Germain-en-Laye, Fara in Sabina, Reggio nell'Emilia* et *Reggio di Calabria, Bar-sur-Aube, Plessis-les-Tours*. Comme dans les appellatifs modernes *timbre-poste, bucca lettere*, la préposition est quelquefois omise, notamment en italien, dans les indications de situation : *Reggio Emilia, Reggio Calabria, San Cipriano Pò* ; *Villars-Lussery, Corcelles-le-Jorat, Estavayer-le-Lac*, en Suisse. C'est une négligence propre à la langue écrite, à la langue bureaucratique ; car les « suffixes géo-

---

1. D'après M. Ezio Levi, professeur à l'Université de Naples

graphiques » sont très peu usités dans la langue parlée. Un défaut analogue qu'on remarque dans le nom de *Montereau-faut-Yonne*, en 1589 *Montereau ou faut Yonne*, résulte sans doute de la fusion des deux voyelles successives notées par *eau* et *ou*.

Dans quelques exemples le déterminant en apposition, ou bien régi par une préposition, et le déterminé accusent la même signification dans deux langues différentes et semblent être traduits l'un de l'autre : *Châteaudun* (gaulois DUNUM, « château ») ; *Rubec* et *ru du Bec* (norrois *bekkr*, « ruisseau »), en Normandie ; *val d'Aran* (basque *aran*, « vallée »)[1], dans les Pyrénées ; allemand *Jordigarto*, à Bramois (Valais)[2] ; *Lingua-glossa* (grec γλῶσσα, « langue »), en Sicile. Le nom sicilien de l'Etna, *Mongibello*, et celui du *Djebel Taourira*, près de Sidi-Bel-Abbès, en Algérie, montrent l'arabe *djebel*, « montagne », en composition avec ses équivalents italien et berbère. Sur les plans d'une autre commune algérienne figure un « ravin du *Chabet* », et *xab'at*, dans l'arabe d'Algérie, signifie « ravin »[3]. En Suisse des tronçons de routes romaines ou médiévales sont dénommés *route* ou *chemin de l'Étraz* (STRATA). Les noms de lieu *Dun, Bec, Aran, Jordil, Gibello, Taourira, Étraz* ayant perdu leur ancien pouvoir d'évoquer à l'esprit des sujets parlants un aspect ou une notion

---

1. Dauzat, p. 71, n. 1.

2. L. Gauchat, *Jordil*, dans la *Zeitschrift für Deutsche Mundarten*, XIX, p. 91 ss.

3. Je dois ces exemples algériens à mon oncle, M. Charles Foltz, administrateur en retraite, à Alger.

caractéristiques, ont été renforcés par l'addition d'un terme qui l'exprimait dans leur langue. Un cas analogue, quoique moins frappant, s'est offert à nous précédemment dans le lieu-dit *é tsã dei sã* (p. 41). Dans celui de *Linguaglossa*, il semble que le nom en usage parmi les Grecs de l'île ait servi, dans la bouche des *Romani*, à distinguer cette ville des autres localités appelées également *Lingua*, d'un mot qui désignait probablement une coulée de lave en forme de langue[1]. La formation de ces composés hybrides a quelque chose de fortuit, elle n'implique nullement que la signification du synonyme étranger ou vieilli fût comprise.

Les rapports de possession, d'appartenance ou de dépendance ordinairement exprimés dans les langues romanes par la préposition DE, quelquefois par la préposition AD, étaient marqués en latin par le génitif, dont les noms de lieu ont conservé maint vestige. Son substitut vulgaire, le datif, et le cas régime du moyen âge perpétuent leur emploi dans une foule de composés dont l'élément déterminant est un nom ou un qualificatif de personne juxtaposé à un appellatif ou à un nom de lieu, comme dans *Bar-le-Duc*, *Baigneux-les-Juifs*, ou les récents *Ferney-Voltaire*, *Arquà Petrarca*.

En latin, le génitif des noms de personnes n'était usité en composition avec des appellatifs, de préférence à la flexion adjective, que pour mettre en vedette

---

1. E. Richter, dans la *Zeitschrift für romanische Philologie*, XXXIII, p. 472.

le nom d'une personne connue : Appii Forum, Forum Iulii, Lucus Augusti, Aquis Neri; Vico Aureli, Vico Matrini, Casas Calbenti (vicus), Rufini Taberna, en Afrique; Villa Pampati, en Asie; Villa Faustini, dans la Grande-Bretagne [1]; Ὀτταουιόλκα, ville des Cantabres, chez Ptolémée (*Geographia*, II, vi, 50). Il ne servait jamais ou ne servait que très rarement à la dénomination des propriétés. Dans les mentions de Megradi et Casas « villa Aniciorum », Minna (ou Miuna) villa Marsi [1], dans l'inscription africaine relative au fundus Villae Magnae Variani [2], les noms des possesseurs ou anciens possesseurs ne sont, à mon sentiment, que des indications surajoutées, pour mieux l'identifier, au nom propre du domaine. L'usage de dénommer toutes sortes de lieux en joignant à un appellatif un nom de personne, originairement fléchi au cas possessif, plus tard simplement juxtaposé ou bien accompagné d'une préposition, n'est devenu commun qu'à partir de l'époque barbare, lorsque les noms de famille se sont perdus et qu'a pour longtemps prévalu l'emploi d'un nom individuel unique.

Les composés de ce genre, en majorité formés d'un nom de personne d'origine germanique et de l'un des appellatifs *court, ville* ou *villier(s)*, sont extrêmement fréquents dans le nord de la France et le Jura

---

1. *Vetera Romana Itineraria*, curante P. Wesserlingio (Amstelaedami, 1735), ou *Itineraria Romana*, von K. Miller (Stuttgart, 1916).

2. J. Toutain, *L'inscription d'Henchir-Mettich*, dans la *Nouvelle Revue historique de droit*, XXI, p. 375 ss., et dans les *Mémoires présentés par divers savants à l'Académie des Inscriptions et Belles-Lettres*, 1re série, XI, 1re partie, p. 31 ss.

bernois. Le déterminant y est tantôt placé avant le déterminé, comme dans les noms allemands correspondants en *-weil* ou *-wyl, -wiler, -wihr, -hausen, -heim* ou *-dorf*, tantôt après : *Levoncourt* (Meuse) et *Courlevon* (Fribourg), *Seloncourt* (Doubs) et *Courcelon* (Courroux, Berne), *Jubainville* (Vosges) et *Villemomble* (Seine-et-Oise), *Vesqueville* (Belgique) et *la Ville-l'Évêque*. La première construction, plus archaïque, a parfois été imitée dans les temps modernes : *Philippeville* (Belgique) date de 1554, *Charleville* (Ardennes) de 1606. A la vérité, les spécimens les plus récents du type à inversion, *Stanleyville, Brazzaville, Lyauteyville* (p. 21), semblent plutôt inspirés de modèles anglais que de la pure tradition française. Cet ordre des éléments était encore familier à la syntaxe médiévale : *de roi cort, le rei gonfalonier, selon mon pere tor*. Mais, dans la formation des noms de lieu, les langues romanes et déjà le latin ont toujours préféré l'ordre inverse : Forum Traiani, *Castel Gandolfo, Ciudad Rodrigo*. Il semble donc qu'on ne puisse méconnaître dans *Thionville* (allemand *Didenhofen*), les *Tocqueville* de Normandie, *Faremoutiers* (Seine-et-Oise), *Bertrimoulin* et *Bertrimoutier* (Vosges), *Robert-Fontaine* (Porrentruy), *Martinbois* (Meurthe-et-Moselle) et leurs congénères, une influence germanique[1] : on peut croire que les uns sont traduits, les autres imités de noms franciques, alémaniques ou scandinaves. Cette interprétation est confirmée

---

1. G. Gröber, dans le *Grundriss der romanischen Philologie*, I (2e éd.), p. 546-9.

par l'existence d'autres noms français qui sont formés exclusivement d'éléments germaniques, comme *Étinehem* (Somme), *Auppegard, Tournebu (t), Lilletot* en Normandie [1].

La formation de noms composés au moyen de l'ancien cas régime ou par juxtaposition du déterminant possessif exige, selon les règles de la syntaxe, que ce déterminant soit un nom ou un qualificatif de personne. Cependant, les étymologistes ont très souvent supposé qu'un mot quelconque pouvait assumer dans la formation des noms de lieu l'emploi du cas régime sans préposition. Beaucoup d'étymologies fondées sur cette tolérance sont évidemment fausses et, si l'on y regarde de plus près, se laissent très bien ramener à la norme. *Port-Valais* n'est pas « le port du Valais », mais « le port de la Vallée », comme le PAGUS VALLENSIS est « le pays de la Vallée ». Dans le lieu dit *Champs l'Aiguille*, à Rebévelier (Berne), le déterminant n'est pas le mot « aiguille », mais un nom de femme accompagné de l'article patois *lè*. *Montsoleil*, dans le Jura bernois, est une traduction de l'allemand *Sonnenberg*, et *Croixmare* (Seine-Inférieure), si c'est bien « la mare de la croix »[2], ne serait-il pas imité du norrois ? Le second terme du composé *Montmirail*, qu'on explique par MONS MIRACULI, « le mont de la guette »[3], m'apparaît bien plutôt comme un déterminant en apposi-

---

1. Longnon, p. 215, nº 878, p. 283, nº 1179, p. 284, nº 1187, p. 290, nº 1216.
2. Dauzat, p. 147.
3. Longnon, *Le nom de Montmirail et son étymologie*, dans la *Romania*, XLI, p. 115.

tion. *Vallorbes* (Vaud), traduit en 1148 par *Valle Urbe*, accuse un type tout différent dans les mentions postérieures, sous la forme *Va(l)lorbes*, et dans le patois *valòrbè*. *Ponte-Tresa*, à la sortie de la Tresa du lac de Lugano, s'appelle dans l'usage local *punt a Tresa*. D'autres composés, anciennement formés par la juxtaposition d'un nom de cours d'eau à l'appellatif gaulois BRIVA, « pont », tels BRIA SARTA (Brissarthe), BRIVA ISARA (Pontoise), BRIVA CURRETIA sur la Corrèze, BRIOVERA sur la Vire, BRIVA SUGNUTIA[1], ne sont pas romans ni latins : c'est affaire aux celtisants de les expliquer.

Ailleurs, dans *Bouchemaine (Bucca Meduanae* 1009)[2], au confluent de la Mayenne et de la Loire, *Fontvannes* (Aube), à la source de la Vanne, *Vibraye* (Sarthe) sur la Braye, *Puente Ulla* sur l'Ulla, en Galice, *Puente Deva* sur le Deva, en pays basque, *Puente Genil* sur le Genil, près de Grenade, voudra-t-on reconnaître d'anciens exemplaires du type abréviatif de *Reggio Calabria, San Cipriano Pò* (p. 96) ? Ou bien supposera-t-on que la forme usuelle du nom de la rivière a été substituée à la forme exceptionnelle qui répondait à un ancien génitif latin ? Enfin, dans ceux de la *Valserine* (Ain), de la *Val Sesia* (Italie), de la *Valle Maggia* (Tessin), serait-on en présence de formations adjectives ? Je ne saurais me prononcer, tous ces composés participant de l'obscurité dont s'enveloppent tant de noms de cours d'eau.

---

1. Longnon, *Les Noms de lieu*, p. 47, n° 98.
2. Beszard, p. 38, § 69.

L'on a beau avoir résolu ou réservé une partie des cas litigieux, il n'en reste pas moins un grand nombre où les règles de la syntaxe paraissent négligées ou violées. Les effets de l'analogie sont sensibles en italien, où l'on forme des noms de rues et de places en juxtaposant à l'appellatif des vocables géographiques ou même des dates aussi bien que des noms de personnes : *via Solferino, piazza Venezia, via Venti Settembre.* Partout la coexistence d'une foule de composés dans lesquels le déterminant est tantôt en apposition tantôt subordonné au déterminé, sans que rien indique la nature du rapport qui les unit, a pu conduire à étendre à d'autres mots un mode de composition originairement restreint aux seuls noms de personnes. L'étude de ce groupe de composés mériterait d'être poussée plus à fond que je ne puis le faire aujourd'hui, avec les matériaux trop incomplets que j'ai à ma disposition. J'ai tenu à vous montrer qu'il y a là un problème à élucider et, en attendant qu'on s'en occupe, à vous mettre en garde contre des interprétations trop faciles et souvent mal fondées.

Quand, par l'analyse phonétique des noms de lieu, on est remonté jusqu'à la forme la plus ancienne qu'on puisse atteindre et qu'on a réussi à l'identifier avec un autre nom de lieu, un nom de personne ou un mot significatif, il reste à lui assigner sa place dans la succession des temps Il y a des noms sur lesquels nous possédons des données chronologiques précises et précieuses, il y en a beaucoup plus dont la première mention est fort postérieure à la date où ils ont commencé à être en usage. Leur synchronisme se déduit tantôt de leur mode de formation par dérivation ou par composition, de leur conformité à des règles de syntaxe ou à un type de flexion abolis, tantôt de la durée limitée des éléments qui y sont contenus : termes caractéristiques d'une certaine période de la civilisation, autres mots tombés dans l'oubli, noms d'hommes sujets aux variations de la mode, noms de divinités antiques, vocables de saints successivement béatifiés ou canonisés. Mais, pour n'avoir pas tenu assez de compte de la longue persistance de beaucoup de mots et de noms propres, la perspective historique a été quelquefois faussée. Rome nous ayant donné la langue dont nous nous servons encore en parlant français, italien, espagnol ou roumain, on a pu constamment, depuis lors, et l'on peut encore aujourd'hui créer des noms de lieu tout battants neufs dont le modèle existait déjà dans l'antiquité romaine. Ceux, par exemple, qu'on a tirés en si grand nombre du règne végétal ne sont, en majorité, pas romains, mais romans. Bien des termes hérités des langues antérieures à la conquête romaine ou plus tard empruntés à des langues étrangères nous sont encore familiers : leur origine celtique ou germanique ne doit point être attribuée aux noms de lieu qui en ont été formés en bouche romane. La plupart des noms dérivés au moyen des suffixes -acus, -ascus, -oscus, -uscus, -incus ne sont ni gaulois ni ligures, mais gallo-romains ou même plus tardifs.

Seuls, des mots ou des noms propres éteints à une certaine date, des suffixes tombés en désuétude, les vestiges d'anciennes désinences casuelles et de constructions archaïques nous fournissent de sûrs indices chronologiques.

Des langues mortes parlées avant le latin dans toutes les provinces de l'empire romain une seule, le gaulois, nous est assez bien connue par des témoignages antiques et par la comparaison des langues congénères. Le ligure, l'ibère, l'étrusque, l'illyrien, le thrace sont enveloppés de ténèbres qui ne seront jamais complètement dissipées. Cependant, on découvre entre les noms de lieu de notre Europe, de l'Asie occidentale, de l'Afrique septentrionale, de tout le bassin de la Méditerranée, des ressemblances qui ne sont pas toutes illusoires, qui témoignent, à ce qu'il semble, de migrations et de parentés dont la plus ancienne histoire n'a gardé qu'un vague souvenir [1]. De la nuit des origines noùs avons vu surgir à la lumière de la préhistoire ces industrieux tailleurs de silex qui nous ont laissé de si belles œuvres d'art, mais dont nous ne connaissons ni les noms ni les langues. Est-ce qu'il n'en survivrait pas quelque chose dans ces vocables qui se font écho dans des régions proches ou éloi-

---

Tandis qu'achèvent de s'imprimer ces pages, il a paru au tome IV de la *Revue de linguistique romane*, sous le titre *Antichi filoni nella toponomastica mediterranea incrociantisi nella Sardegna*, un important article de M. V. Bertoldi, dans lequel sont cités les principaux travaux consacrés en ces dernières années aux éléments communs du lexique et de la toponymie des pays méditerranéens. En lisant ces travaux, il convient d'avoir présentes à l'esprit les judicieuses réserves de M. A. Meillet, dans le *Bulletin de la Société de Linguistique de Paris*, XXIX, p. 38.

gnées les unes des autres et dont nous essayons de
deviner la signification en interrogeant les lieux ?
Ce n'est pas là seulement une perspective ouverte
à notre imagination, mais un avertissement des limites
de notre savoir et un rappel à la modestie qui sied à
notre ignorance.

Fontenay-aux-Roses. — 1930.
Imprimerie des *Presses Universitaires de France*. — Louis Bellenand. — 1.375.